지장기도 공덕

편집부 엮음

민족사

지장기도 공덕

나는 지옥에 있는 중생들을 다 건지기 전에는
절대로 성불하지 않겠다.

머리말

 사람은 죽으면 어디로 가는 것일까? 극락과 지옥은 정말 있는 것일까?

 한 해 두 해가 가고, 귀밑머리에 흰 눈이 내리기 시작하면 우리는 문득문득 이러한 의문에 젖습니다. 하지만 그 누구도 죽음 이후의 세계에 대하여 명확하게 대답하지 못합니다. 왜 그럴까요? 눈으로 확실히 보지 못했으니까요.

 하지만 우리는 늘상 지옥이라는 세계에 대하여 두려움을 느끼고 있습니다. 그 이유는 인간의 삶이란 대체로 선(善)보다는 악(惡)이 많고 잘했던 일보다는 못했던 일이 많기 때문입니다. 후회스러운 삶이 많으면 많을수록 사후세계에 대하여 두려움을 갖게 됩니다.

이럴때면 우리(불교인들)는 으레 절을 찾는다거나 지장보살이나 아미타불을 불러 마음의 위안을 삼습니다.

부처님께서 설하신 경전 속에는 지옥에 대하여 설명한 곳이 참으로 많습니다. 대표적인 경전이 바로 이 책 뒤에 실려 있는 지장경입니다. 지장경에 의하면 지옥에는 무간지옥, 발설지옥 등 무려 8만 4천 종류의 지옥이 있다고 합니다.

그 중 아비지옥이라는 곳은 극심한 굶주림에 허덕이지만, 막상 음식이 있다고 해도 먹으려는 순간 불꽃으로 변하기 때문에 먹을 수가 없습니다. 또 무간지옥은 조금도 쉴 틈 없이 죄인에게 고통을 주며, 발설지옥은 죄인의 혀를 수없이 뽑았다가 맞추곤 합니다.

뿐만 아니라 규환지옥은 고통이 워낙 심해서 그 소리가 천지를 진동한다고 합니다. 이처럼 지옥의 참상을 설명할라치면 끝이 없습니다. 지옥은 즐거움이라곤 그 어디에도 찾아볼 수 없고 오직 고통과 괴로움만 있는 비탄의 세계입니다.

지옥세계의 참상이 이렇게 무섭기 때문에 부처님께서는 항상 우리 중생들에게 착한 일을 하라고 타이르고 있지만 정작 중생들은 우이독경인 것 같습니다.

우리는 항상 좋은 일만을 하면서 살 수는 없습니다. 때론 본의 아니게 죄도 짓고 거짓말도 하고 나쁜 짓도 하게 됩니다. 이처럼 타의든 자의든 생전에 자신이 지은 죄를 죽은 뒤에 받는 것을 '인과응보'라고 합니다. 그런데 사후(死後)에 이미 저질러진 인과응보에서 탈피하여 지옥세계를 벗어날 수 있는 유일한 방법이 바로 지장기도와 아미타불기도입니다.

지장보살님은 "나는 지옥에 있는 중생들을 다 건지기 전에는 절대 성불하지 않겠다."고 원을 세우신 분입니다. 물론 보살은 어떤 보살이든 모두 다 중생제도에 힘쓰고 있지만, '지옥 중생을 다 건지기 전에는 절대 성불하지 않겠다'고까지 선언하신 분은 없습니다.

지장경에는 지장보살님이 지옥중생을 구제하기 위하여 매일같이 지옥의 문 앞에서 눈물을 흘리면서 애쓰신다고 합니다. 이렇게 지장보살님은 중생을 위하여 커다란 원을 세웠기 때문에 우리는 죽은 이를 위하여 49재를 올린다든가 천도재를 지내서 망자의 왕생극락을 기원하는 것입니다.

  이 책의 앞부분에서는 지옥에 떨어졌다가 지장기도로 왕생극락한 이야기를 모았고, 뒷부분에서는 지옥의 참상을 그리고 있는 지장경을 실었습니다.

불기 2546년 해제일

차 례

지장기도 공덕 영험

아귀지옥에 떨어진 어머니를 구한 목련존자 … 13

지장보살님의 전생 … 18

지장기도로 문둥병을 고친 남호대사 … 23

지장기도로 처녀의 원한을 풀어 준 묘찬스님 … 36

철원 보개산 지장암의 생지장보살 … 46

어머니의 혼을 천도한 나옹스님 … 52

독사지옥에 빠진 아버지를 구한 정진화상 … 59

지장보살의 기적 … 65

지장보살의 힘으로 도적을 물리치다 … 68

지옥 속의 스님과 개선사의 지장보살 … 74

지옥에 떨어진 어머니를 구한 딸 … 81

지장보살을 항상 모신 공덕 … 86

지옥을 구경하고 중생을 천도한 최이계 … 93
지장보살을 조성하고 부인을 천도한 백열 … 100

지장경 · 103

지장기도 공덕 영험

아귀지옥에 떨어진 어머니를 구한 목련존자

 부처님의 10대 제자 가운데 한 분인 '목련존자(目連尊者)'라고 하는 분이 있다. 이 분은 신통력이 10대 제자 가운데 으뜸으로서 스님이 되기 전부터 대단한 효자였다. 하지만 그의 어머니는 너무나 신심이 없어서 탁발하러 온 스님들을 비방하고 내쫓았을 뿐만 아니라, 짐승을 잡아서 그 피로 신에게 제사를 올리는 등 갖가지 악행을 저지르다가 결국 그 과보로 죽어 아귀지옥에 떨어지고 말았다.
 평소 어머니의 악행을 고쳐보고자 갖가지 노력을 기울였으나 삿된 생각에 빠진 어머니는 끝내 아들을 속여가며 그 행동을 고치지 아니했다. 분명 어머니가 지옥에 떨어졌을 것이라고 생각한 목련존자는 부처님 제자가 된 후, 어머니를 구하기 위하여 신통력으로 지옥세계를 낱낱이 관찰해 보니 뜻밖에도 어머니는 하루 종일, 아니 지옥고를 면하는 날까지 극심한 배고픔과 굶주림에 시달려야만 하는 '아귀지옥'에 떨어져 있었다.

목련존자는 이것을 보고 그만 깜짝 놀랐다. '혹시나' 하고 기대했는데, 지옥 중에서도 배고픔에 시달리는 아귀지옥에 떨어졌으니 자식된 도리로 가슴이 터질 것만 같았다.

그는 우선 배고픔에 허덕이는 어머니를 공양하기 위하여 발우에 밥을 가득히 담아 가지고 아귀지옥으로 들어가 어머니께 드렸다.

어머니는 그 동안 얼마나 굶주림에 허덕였던지 아들을 보고도 아랑곳하지 않고 밥을 보자마자 허겁지겁 두 손으로 집어 입에 넣는 것이었다.

아! 그런데 이 무슨 슬픈 광경이란 말인가. 밥알이 어머니의 입으로 들어가기도 전에 불덩어리로 변하는 것이 아닌가? 순간 어머니는 불덩어리로 변하는 그 밥알을 쳐다보며 울부짖는 것이었다. 목련존자는 차마 눈을 뜨고는 그 광경을 볼 수가 없었다. 목련존자는 더욱더 가슴이 아팠다. 자식된 도리로서 볼 수도 생각할 수도 없는 너무나 처참하고도 슬픈 지옥의 광경이었다.

목련존자는 그 길로 부처님께 달려가 어떻게 하면 어머니를 지옥에서 구해낼 수 있는지 가르쳐 달라고 애원하였다. 부처님께서는 '모든 것은 자업자득의 이치'임을 설하고 나서 애틋한 효자의 눈물에 감동되어 다음과 같이 비방을 알려 주었다.

"목련아! 너의 어머니가 살아 생전에 워낙 많은 생명을 죽이고 삼보를 비방했기 때문에 한 사람의 힘으로는 어찌할 도리가 없느니라. 그러므로 많은 대중스님들을 모셔다가 공양을 올린다면 그 도력으로 어머니가 아귀지옥에서 벗어날 수가 있을 것이다.

 목련아! 돌아오는 음력 7월 15일은 백중날이다. 이 날은 많은 스님들이 3개월 동안의 공부를 마치는 날(해제일)이다. 이 날 갖가지 음식을 장만하여 공부를 마치는 많은 스님들께 공양한다면 그 힘으로 어머니가 아귀지옥에서 벗어날 것은 물론 기타 선망부모와 살아 있는 사람들에게도 큰 복이 될 것이다."

 부처님으로부터 특단의 처방을 들은 목련존자는 그 길로 부지런히 장을 보고 갖가지 음식과 물건을 장만하여 백중일에 부처님을 비롯하여 지장보살 등 많은 보살님과 스님들께 공양을 올렸다. 그랬더니 과연 부처님 말씀대로 어머니는 지옥을 벗어나 극락세계에 왕생하였다.

 목련존자가 지옥에 빠진 어머니를 구하기 위하여 갖가지 지옥을 찾아다니는 모습을 설하고 있는 경전이 바로 목련경과 우란분경이다. 두 경전의 이야기는 조금씩 달라도 줄거리는 효성스러운 아들이 지옥에 빠진 어머니를 구한다는 이야기이다.

또한 이 이후로 불교에서는 백중일(우란분재일)에 돌아가신 조상들을 천도하는 행사가 생기게 되었다.

지장보살님의 전생

아득한 옛날 착한 소녀가 있었다. 그녀는 삼보를 존경하고 또 남을 위하여 많은 공덕을 지었기 때문에 모든 사람들이 흠모했다.

그러나 그녀의 어머니는 마음이 삿되고 미신을 좋아했을 뿐만 아니라 부처님과 스님들을 비방하였다. 이런 모습을 본 딸은 어머니를 좋은 길로 인도하고자 하였으나 워낙 고집이 세어 딸의 말을 듣지 아니하였다.

어머니는 일생을 그렇게 지내다가 세상을 떠났다. 딸은 비통한 마음으로 어머니의 시신을 거두어서 장

례를 지냈으나 걱정스러운 것은 어머니가 평소 선행은 조금도 하지 않고 나쁜 짓만 하였기 때문에 반드시 지옥에 떨어졌으리라 염려되었다.

그리하여 딸은 어머니를 천도하기 위하여 가재도구와 집을 팔아서 돈을 준비하여 가지고 49일째 되는 날에 절에 가서 부처님께 공양을 올렸다.

"부처님이시여, 저희 어머니는 지금 어느 곳에 계시나이까? 부디 지옥을 벗어나 극락세계에 왕생하게 하여 주시옵소서. 만일 부처님께서 살아 계신다면 어머니가 어디에 계신지 가르쳐 주시옵소서."

그녀는 엎드려 합장을 하고서 슬피 울었다. 그 때 허공에서 소리가 들려 왔다.

"울고 있는 신녀(信女)야, 너무 슬퍼하지 말아라. 내가 너희 어머니 간 곳을 알려 주리라."

그녀는 합장한 뒤 허공을 향하여 말하였다.

"어떤 부처님이시며, 어떤 신이시온데 저를 이렇게 위로해 주시나이까? 저는 어머니가 이 세상을 하직한 이후 어느 곳에 태어나신지 알 길이 없어 답답하기 그지없사옵니다. 부디 어머니 계신 곳을 알려 주시옵소서."

"나는 각화정자재왕 여래(부처님)이니라. 너의 지성이 하도 갸륵하여 알려 주고자 하노라."

"고맙사옵니다. 부처님이시여. 속히 알려 주시옵소서."

"네가 오늘 집으로 돌아가 단정히 앉아 나의 이름을 부르면서 기도하면 너의 어머니 계신 곳을 보게 될 것이다."

그리하여 그녀는 기도를 마치고 집으로 돌아가 하루 종일 단정히 앉아서 '각화정자재왕 여래' 이름을 불렀다. 얼마쯤 지났을까, 그녀 앞에 바다가 보였다. 그런데 갑자기 바닷물이 끓어오르더니 그 물 속에서 수없는 사람들이 고통을 받고 있는 것이 보였다. 그녀는 이곳 어디에 어머니가 있을 것이라고 생각하니 더욱 더 슬프기 그지없었다.

그때였다. 그 지옥을 담당하고 있던 무독귀왕이 다가와 물었다.

"성녀(聖女)는 무슨 일로 이곳에 오셨습니까?"

"저희 어머니가 평소 악행을 많이 하였는데, 지금쯤 어디에 계신지 알고 싶어 이렇게 왔습니다."

"성녀의 어머니는 생전에 무슨 선업을 지으셨습니까?"

"저희 어머니는 생전에 지은 선업은 아무 것도 없고 오직 삼보를 비방하고 살생을 좋아하였습니다. 그러므로 반드시 이 지옥 어디에 와 있을 것입니다."

"성녀 어머니의 이름은 어떻게 됩니까?"

"저희 어머니의 이름은 '열제리'이옵니다."

"성녀시여, 그대의 어머니 열제리 죄인은 얼마 전에 이 지옥 옆에 있는 무간지옥에 떨어졌었는데, 당신과 같은 효녀가 49일날 부처님께 공양을 올린 공덕으로 이미 3일 전에 천상으로 태어났습니다."

그녀는 이 말을 듣고 너무나 기뻤다. 눈물이 끊임없

이 줄줄 흘렀다. 자기가 올린 공양공덕으로 어머니가 무간지옥을 벗어나 천상에 태어났으니 그보다도 더 기쁜 일이 어디 있겠는가.

  그리하여 그녀는 맹서의 서원을 세웠다.

  "나는 미래세가 다하고 다하도록 죄받고 있는 지옥 중생을 위하여 널리 방편을 베풀어서 모두 다 해탈케 하리라."

  그 후 그녀는 지장보살이 되었다.

  지장경 도리천궁 신통품에 나오는 이야기이다.

지장기도로 문둥병을 고친 남호대사

지금으로부터 약 170여년 전(서기 1831년)인 조선 순조 때의 일이다.

당시는 문둥병에 걸린 사람들이 꽤 많았는데, 추운 겨울 어느 날 문둥이들이 떼를 지어 강원도 철원군 보개산에 있는 심원사 석대 지장암(石臺 地藏庵)으로 구걸을 왔다. 그 중에는 열 살쯤 되어 보이는 남자 아이가 하나 끼어 있었다.

주지스님이 그들에게 먹을 것을 주자 모두들 감사하다고 고개를 꾸벅이면서 허겁지겁 그것을 먹기 시작했다. 그 남자 아이도 그들 사이에 끼어서 쭈그리고 앉은 채 정신 없이 배고픔을 달래고 있었다. 아마 온 동네에 문둥병이 휩쓸고 가는 바람에 어린 아이도 문둥이가 된 것 같았다. 이것을 본 주지스님은 매우 불쌍한 생각이 들었다.

"이보시오. 당신들은 모두 어른이니 어쩔 수 없지만, 저 아이는 여기에 두고 가는 것이 어떻겠소? 나이도 어린데 병까지 걸리고, 추운 겨울에 옷까지 엷어서 떨고 있는 모습이 몹시 불쌍하구려."

그러자 그들은 이구동성으로 대답했다.

"아이를 맡아 주신다면 정말 고맙지요. 데리고 다니는 우리도 마음 아프기도 하지만 때론 귀찮을 때도 참 많습니다."

문둥이들은 얼른 아이를 지장암에 두고 어디론가 떠나가 버리고 말았다.

사람을 좀 알아볼 줄 아는 안목을 가졌던 주지스님은 그 문둥이 소년에게 물었다.

"네 고향은 어디냐?"

"전라도 고부예요."

"이름은?"

"성은 '정'가고, 이름은 영기(永奇)입니다."

"부모님은?"

"부모님은 다 돌아가시고 저는 시집간 누나집에 얹혀 있었는데, 몹쓸 병이 들어서 매형에게 쫓겨나온 거예요."

"그래……. 거 참 불쌍한 아이로구나. 너의 병을 낫게 할 수 있는 방법이 있는데 한 번 해 보겠느냐?"

"예. 해 보겠습니다. 문둥병에 걸린 뒤로는 동네를 지나가도 사람들이 돌팔매질을 해서 먹을 것은커녕 운 적이 한두 번이 아닙니다. 그리고 제대로 얻어 먹지도 못해서 배가 고파 죽겠어요. 꼭 병을 낫게 해 주십시오."

"그렇게 결심을 했다면 내가 시키는 대로 한 번 해 보거라."

주지스님은 영기에게 이렇게 다짐하고, 법당에 계신

지장보살님께 청수를 떠다 놓고 지장보살님을 부르며 지극 정성으로 절하되, 하루 천 번씩 하면서 병이 낫게 하여 달라고 빌라고 일러 주었다.

다행이 지장보살님을 모신 법당은 마루법당이 아니고 사람들이 기거숙식을 하는 인법당(因法堂)인 까닭으로 영기는 추워서 떨지도 않고 지성스럽게 지장기도를 할 수 있었다.

그리고 어린 마음에도 그 주지스님을 부모와 같이 생각하였다. 어린 영기는 문둥병을 고치기 위하여 밤낮을 가리지 않고 정말 열심히 지장기도를 하였다.

그러기를 한 50일쯤 되었을까? 어느 날 밤에 기도를 하다가 깜빡 잠이 들었는데, 꿈 속에서 어떤 노스님(《조선불교통사》에는 '여인'으로 되어 있음)이 나타나더니 머리와 얼굴, 배, 팔, 어깨, 다리 등 전신을 어루만지며 영기를 귀여워했다.

"불쌍한 아이로다. 아무 죄도 없는 것이 부모의 탓으로 몹쓸 병에 걸렸구나. 그래도 네가 과거에 부처님과 인연이 있어서 여기를 찾아왔구나. 여기 오기를 잘했다. 네가 이 병이 낫거든 중이 되어야 한다. 그리하면 훌륭한 도승이 될 것이다. 잘 명심하여라. 나는 물러가겠다."

영기가 깨고 보니 꿈이었다. 영기는 '혹시나' 하고 온몸을 만져 보니 전신에 퍼져 있던 부스럼이 말끔히 떨어져 있는 것이 아닌가. 밋밋하던 눈썹도 새까맣게 나 있고, 까무잡잡하던 살결도 아주 희고 반들반들하게 윤기가 흐르고 있었다.

영기는 너무나 감사하여 지장보살님께 절을 올리고 지극 정성으로 받들어 모셨다. 그리고 나중에는 정식으로 계를 받고 스님이 되었다. 스님이 된 뒤에도 영기는 문둥병에 걸렸던 불우한 어린 시절을 생각하여 남보다 더욱더 열심히 공부를 하였다. 경전도 잘 외우고 붓글씨도 열심히 익혔다. 특히 계율을 열심히 공부하여 율사스님으로서 그 명성이 매우 높았는데, 그가 바로 당시 실존 인물로서 이 이야기의 주인공인 남호스님(1820～1872)이다.

남호스님은 큰스님이 된 뒤에도 부처님의 은혜를 갚는 길은 오직 사경(寫經, 경전을 손수 베껴 쓰는 것)이 제일이라고 생각하고 《아미타경》을 원문은 물론 소(疏, 주석)까지 사경하였다. 사경을 할 적에는 글자 한 자를 쓸 때마다 세 번 절하고 세 번 염불하며 《아미타경》을 다 써서 부처님께 바쳤다.

그리고 십육관경(十六觀經)과 연종보감(蓮宗寶鑑)을 써서 목각하여 양주군 수락산 흥국사(興國寺)에 봉안하였다. 또 도봉산 망월사에서 화엄경 법회도 열고, 서울 삼성동 봉은사(奉恩寺)에 있을 적에는 80권본 《화엄경》 판을 목각하고 판전(板殿)이라는 법당을 지어 봉안하였다. 지금도 봉은사에 가면 볼 수가 있다.

그런데 스님이 봉은사에서 《화엄경》 목각판 불사를 할 때에 일어났던 웃지 못할 이야기가 전해 내려온다.

계행이 남달리 청정했던 남호스님은 양주 흥국사와 서울 수유리 화계사에도 계시면서《화엄경》불사 동참시주를 모으고 있던 까닭으로 남녀 신도가 적지 않게 많았다. 더군다나 봉은사에서 화엄경불사를 시작하면서부터는 뚝섬 한강이 미어 터지도록 신도들이 들락거렸다.

그런데 이 때에 서울에 사는 어떤 대갓집의 젊은 미망인이 많은 시주를 하면서 거의 매일같이 절에 나오더니, 기어이 남호스님에게 애정을 호소하면서 야릇한 눈짓을 보내는 것이었다.

그러나 계행이 청정하고 신심이 지극했던 남호스님은 본 체 만 체, 들은 체 만 체, 인간의 무상함과 애욕의 무서움, 지옥의 무서움에 대해서만 설법을 하고 계실 뿐이었다. '도가 높으면 마(魔)도 치성한다'는 옛말도 있듯이 한 번 시작된 악연(惡緣)은 쉽게 물러가지 않았다.

어느 날 밤이었다. 불사감독으로 온종일 시달린 남

호스님은 문단속 하는 것을 깜박 잊은 채 조실방에서 깊은 잠에 빠져 들어 있는데, 가위에 눌리는 듯 가슴이 몹시 답답함을 느꼈다. 어찌된 일인가 싶어 겨우 정신을 차리고 눈을 떠 보니, 짙은 화장 냄새가 코를 찌르며 저고리를 풀어 헤친 여인의 몸이 자기 가슴 위에 올라와 있었다. 그것만이 아니었다. 난생 처음 느껴보는 그 여인의 부드러운 팔이 목을 감고 입을 대고 가쁜 숨을 몰아쉬면서 뜨거운 불기운을 내뿜고 있었다.

남호스님은 깜짝 놀랐다. 혹시 대중스님들이 이 사실을 안다면 이것은 일평생 쌓아 올린 자신의 인생이 하루 아침에 개망신을 당하는 판국이었다. 그렇다고 큰 소리로 꾸짖어 내보내자니 대중들이 몰려올 것이고, 순수히 그 여자의 욕정을 들어주자니 그것도 있을 수 없는 일이었다.

"이보시오 보살님. 막중한 불사중에 이게 무슨 부정한 짓이오?"

남호스님은 목에 감겼던 팔을 가만히 잡으면서 나

직한 귓속말로 힐책하였다. 그러자 그 젊은 여인네는 남호스님의 목을 더욱 거칠게 휘감는 것이었다.

"스님, 죄송합니다. 사람하나 살려 주세요. 여자의 몸으로 스님의 방에까지 뛰어들 때는……. 스님도 이해할 수 있지 않겠습니까?"

"보살님 정신을 차리십시오. 부처님이 계시는 절에서 이게 될 법이나 한 일이오? 미친 짓이오."

"미쳤대도 좋아요. 스님께서 저의 소원만 한 번 풀어 주신다면 지금 죽어도 여한이 없겠습니다."

"보살님 인연을 맺는다는 것은 인간사에 있어서는 매우 중대한 일입니다. 이렇게 경솔하게 생각해서는 안 됩니다."

"그러면 어떻게 하란 말씀입니까?"

"이것도 인연소치인 연분이니까 이 화엄경불사를 다 마치고 나서 떳떳하게 혼인을 하고 부부가 됩시다. 부처님의 말씀을 보면 중으로서 음행을 한다는 것은 가장 큰 죄라고 하셨으니까, 나도 아주 퇴속하여 당신과 백년해로를 하겠소. 그러니 이 불사를 마칠 때까지만 기다려 주는 것이 어떻겠소?"

"정말입니까? 스님······."

"그럼 정말이지 거짓말을 왜 하겠소. 속인도 아닌 중이······."

"아이구 스님 고맙습니다. 부부의 인연을 맺어서 한평생 해로한다면 더욱 좋지요."

"그러니까 어서 일어나서 속히 나가시오. 대중들이 알면 불사고 뭐고 큰일입니다. 보살님."

"스님께서 그렇게 해 주신다니 그대로 믿겠습니다. 하지만 기왕에 들어 왔으니까 한 번만 꼭 껴안아 보고 싶습니다."

그 여인의 간절한 청에 그것까지는 거절할 수가 없다고 생각한 남호스님은 그 여자가 하는 대로 내버려 두었더니, 웬 여자의 힘이 그리도 센지 뼈가 으스러질 만큼 끌어안는 것이었다. 그러고 나더니 그 여자는 스님의 뺨과 코와 입에 키스를 퍼붓는 것이었다. 그리고 살며시 일어나 밖으로 나갔다.

 그러한 일이 있은 뒤로 그 여인은 날마다 오다시피 하던 발길을 뚝 끊고 보이지 않았다. 스님은 호사다마라고 생각하고 부랴부랴 불사를 재촉하여 내일이면 이제 회향할 날이었다. 며칠 전부터 신도들과 대중스님들은 화엄경 판각불사의 회향 준비를 하고 있었다.

 그런데 회향하기 전날 밤중에 갑자기 남호스님이 자취도 없이 도망을 가고 말았다. 참으로 난감한 일이었다. 회향을 몇 시간 두고 남호스님이 온데간데없어졌으니 모두가 기가 막히고 허탈할 뿐이었다. 어쩔 수 없이 스님이 없는 상태에서 회향식을 하는 수밖에 없었다.

 회향 날 아침이 되었다. 며칠 동안 나오지 않았던 그 젊은 여인도 고운 옷을 차려 입고는 삿갓 가마를 타고 회향법회에 나왔다. 그런데 이것이 어찌된 일인지 그토록 자기와 약속했던 남호스님의 모습이 보이지 않는 것이었다. 회향법회가 끝나면 정식으로 부부의 인연을 맺어 한평생 같이 살자고 약속한 스님이 행방불명이 된 것을 알고는 대성통곡, 크게 실망하고 말았다.

젊은 나이에 남편을 잃고 혼자 살아온 그 여인은 가슴에 슬픔을 억누른 채 뚝섬 한강을 건너가다가 비관, 철천지 원한을 품고 강물에 빠져 자살하고 말았다.

그 소식을 들은 남호스님은 무섭도록 기가 막혔다. 한 여인네를 자살하게 하였으니 그 죄도 여간 적은 게 아니었다. 항상 그 여자의 모습이 머리에서 지워지지 않았다. 마음이 무거워서인지 그 여자의 원한이 원귀가 되어 따라다니는 건지 머리가 아파서 견딜 수가 없었다.

그 여자는 원귀가 되어 스님을 따라다니면서 괴롭혔고, 항상 스님의 머리 끝에 매달려 두통을 앓게 하였던 것이다. 또 그 뒤로는 무슨 불사든지 하려고만 하면 장애를 일으켜 방해하였다.

그리하여 남호스님은 그 여자의 명복을 비는 한편, 원한을 풀어 주기 위하여 자신이 어린 시절 지장보살님께 기도하고 문둥병을 고쳤던 강원도 철원 보개산 심원사 지장암으로 가서 삼칠일 동안 지장보살님께 기도하고 훌륭하게 천도재를 지내 주었다.

그 후로는 두통도 없어지고 불사도 무사히 잘 이루어졌다. 그리하여 남호스님은 1872년 정선 정암사 적멸보궁에 있는 수마노탑 보수불사를 마친 뒤 53세의 나이로 입적했다.

〈봉은사장경각판기〉

지장기도로 처녀의 원한을 풀어 준 묘찬스님

지금으로부터 180여년 전(서기 1819)의 일이다.

경북 김천지방의 유명한 사찰인 황악산 직지사(直持寺)에 묘찬(妙燦)스님이라는 분이 있었다.

하루는 묘찬스님이 어떤 객승(客僧)으로부터 함경북도 경흥, 회령, 종성 등지에 이상한 스님들이 살고 있다는 말을 듣게 되었다. 그들을 일컬어 '재가승(在家僧, 가정을 거느린 스님)'이라고 하는데, 그들은 절을 갖고 부처님을 모시고 있는 스님이면서도 일반인과 똑같이 처자식을 거느리며 술과 고기 등을 거리낌없이 먹으며, 촌락을 이루고 살고 있더라는 것이다.

묘찬스님은 난생 처음 듣는 재가승이라는 말에 그것이 뭔지 몹시 궁금하였다.

"재가승이라……. 그게 도대체 무엇을 하는 스님들일까?"

그 당시 전국 사찰에서는 북쪽에 재가승이 있다는 말은 간혹 듣긴 했어도 그 실체를 아는 사람은 거의 없었다. 특히 경상도나 전라도 등지의 남쪽 사찰에서는 도무지 재가승이라는 말 자체가 잘 이해가 되지 않았을 뿐더러 사실 그러한 것은 꿈에도 생각해 볼 수 없는 일이었다.

묘찬스님은 시간이 갈수록 그들이 어떤 사람들인지 무엇을 하는 스님들인지 궁금해서 견딜 수가 없었다. 그래서 그는 실제 한 번 가 볼 요량으로 경기도와 강원도를 경유하여 함경북도로 올라갔다.

그 때는 차가 없던 때라 걸어서 한 달 이상 걸려서 회령지방에 도착하여 말로만 듣던 재가승 촌락을 가 보니 과연 그들은 듣던 바와 같이 대체로 5~6호 정도가 부락을 이루어 살면서 가운데에 공동으로 불당(佛堂)을 하나 지어서 불상을 모셔 놓고 예불도 하고 또 한 달에 몇 번씩 모여서 불공과 기도를 드리고 있었다.

그들을 그 곳에서는 화상(스님의 존칭)이라고 부르고 있었는데, 다만 불당을 지키며 염불하는 스님(봉향승, 즉 부전스님)만은 남방에서 올라오는 스님네를 청하여 맡게 하였다. 알고 보니 그들은 다름 아닌 우리 나라 북쪽지방을 습격하여 귀찮게 하다가 포위당하여 오도가도못하던 여진족(女眞族)들이 귀화하여 함북 육진(六眞) 등지에 집단으로 살면서 부처님을 믿는 사람들이었다.

묘찬스님은 하도 이상한 곳이 있다고 하여 잠깐 구경만 하고 이내 돌아올 작정으로 올라갔던 것이 어떻게 하루 이틀 어물쩍거리다가 그만 부전스님(봉향승)으로 붙들려 있게 되었다. 그래서 한겨울을 지내는 동안에 재가승들과 친하게 되었다.

그 재가승 가운데는 과년에 찬 딸을 하나 두고 있는

사람이 있었다. 그런데 그 처녀는 독신자인 묘찬스님을 흠모한 나머지 남편으로 삼겠다고 부모에게 졸라댔다. 뿐만 아니라 처녀 자신도 틈만 있으면 묘찬스님을 수시로 유혹하였다. 그의 부모 역시 묘찬스님에게 자기 딸과 장가들기를 권했다.

묘찬스님은 처음 당하는 일이라 어리둥절하여 이러지도 저러지도 못하고 있었다. 내심 한창 풍만감이 무르익은 처녀가 달라붙는 것도 그리 싫지는 않았다. 그러나 한번 고승이 되어보고자 하는 마당에 목적과 이상이 깨지는 것 같아서 우물쭈물할 수밖에 방법이 없었다.

어느 날 그 처녀의 아버지가 노골적으로 말했다.

"스님, 그러지 말고 제 딸과 사십시오. 사람이라는 것이 뭐 별게 있습니까. 다 젊어서 한때인데, 독신으로 늙어 꼬부라지면 누가 상을 줄 것인가요? 남쪽 스님네가 들어오기도 많이 들어오지만 늙은 노장님을 제외하고는 다 그럭저럭 이 곳에서 장가들어서 아들 낳고 딸 낳고 재미나게 사는 이가 많습니다. 유독 스님만 거절할 이유가 무어 있겠습니까. 승낙만 하면 곧 혼인 잔치를 준비할 것이니 그리 아시오."

솔직히 한번 그 처녀와 살아보고 싶은 생각도 없지는 않았으나 왠지 두렵고 또 큰스님이 되어 보겠다는 미련도 있고 해서 묘찬스님은 옆에 앉아 있는 처녀를 힐끔 바라다보며 말했다.

"아가씨, 좀 기다려 주시오. 생각을 해 봐서 승낙을 하리이다."

그러자 그 처녀의 아버지는 대뜸 말을 받아넘긴다.

"흥, 아주 마음에 없는 것은 아니로군. 기다리고 뭐고 할 것 없이 곧 대례를 올리도록 합시다."

묘찬스님은 어떻게 하는 것이 좋은지 겪어보지 못한 일이라 여전히 우물쭈물했다.

"혼인이라는 것은 인류의 대사인데 그렇게 빨리 해 버리면 되겠습니까? 좀 생각을 해 봅시다."

"한겨울 동안을 동네에서 같이 살아 왔으니까 그만

하면 알 것은 다 알 텐데 생각은 무슨 생각이오."

처녀의 아버지는 이렇게 통명스럽게 쏘아붙이더니 이번에는 딸을 보고 화를 버럭 내며 나가버리고 말았다.

"이제 내 할 일은 다 했으니 그 다음 일은 네 수단에 달렸다. 네가 알아서 해라."

순간 처녀는 '이 때다' 하고 왈칵 덤벼들어 묘찬스님의 목을 감싸안고 흐느껴 우는 것이었다.

"스님이 끝끝내 저와 혼인하기를 거절하신다면 저는 죽고 말테예요."

보드라운 팔로 목을 감싸고 애원하는 그녀의 촉감과 모습에 묘찬스님은 정신이 몽롱했다. 묘찬스님도 젊은 남자라 온몸이 뜨겁고 이상해지며, 심장이 두 방망이질을 쳐 대지만 간신히 진정하여 냉정을 되찾고자 하였다.

"그렇게 경솔히 생각하지 마시오. 나도 남자요. 당신의 그 마음을 저버리지는 아니할 것이니 진정하시오. 누가 볼까봐 두렵소."

묘찬스님은 이렇게 간신히 달래서 처녀의 마음을 가라앉혔다. 그리고 조만간 혼인할 것이니 안심하라고 하였다. 그 때서야 처녀는 매우 좋아서 애교를 부리며 농담을 하기도 하였다.

"지금 이미 승낙한 것인데 새삼 곧 승낙할 것이란 말은 또 무슨 말입니까? 남방스님들은 말도 할 줄 모른단 말야."

묘찬스님은 그 날 밤 혼자 곰곰이 생각해 보니 아무래도 '이 곳에 오래 있다가는 내 신세를 버리겠구나.' 하는 생각이 들었다. 해서 묘찬스님은 그 날 밤 몰래 걸망을 지고 도주하여 남쪽으로 향했다. 오면서도 마음은 여전히 갈등을 일으키고 있었다.

직지사로 다시 내려와 선방으로 들어가서 옛일을 모두 망각해 버리기로 작정하고 열심히 참선공부를 하기 시작했다.

한편 혼인할 수 있는 기회를 놓쳐 버린 그 처녀는 더욱더 묘찬스님이 그리웠다. 얼굴이 달아오르고 가슴이 답답하고……. 처녀는 끝내 묘찬스님을 원망하다가 자결하여 원귀가 되고 말았다.

상사병에 걸린 처녀의 원귀는 복수심을 억누르지 못하고 묘찬스님을 찾아 직지사로 향했다. 그런데 일주문을 지나 천왕문(天王門)에 이르자 사천왕이 가로막고 있어서 무서워서 더 이상 안으로 들어가지를 못하고 서성대고 있었다.

그 때 마침 한 스님이 천왕문쪽으로 내려오다가 우연히 천왕문 앞에서 서성이는 낯선 처녀를 보았다. 하얀 소복을 곱게 차려 입은 처녀가 스님을 보자 기다렸다는 듯이 말문을 열었다.

"스님, 혹시 함경도에서 나온 묘찬스님이 이 절에 계시는지요?"

"있습니다만……."

"그러면 그 스님에게 천왕문 밖에 누가 찾아왔으니 속히 나가보라고 말씀을 좀 해 주십시오."

"묘찬스님이 지금 절 안에 있으니 들어가서 직접 만

나시지요……."

그 원귀가 된 처녀는 매우 답답하였다. 사실 자기는 사람이 아니고 귀신이었다. 그런데 천왕문에 서 있는 사천왕 때문에 들어갈 수가 없었던 것이다. 그래서 처녀는 하는 수 없이 사실을 말하였다.

"스님, 저는 사실 사람이 아니고 귀신인데, 저 천왕님이 들어가지 못하게 하여 감히 들어갈 수가 없습니다."

스님은 어리둥절하였다. 실로 괴이한 일이 아닐 수 없었다.

"글쎄 귀신이 묘찬스님을 찾아오다니……."

이상하게 생각한 스님은 다시 절로 들어가서 묘찬스님에게 처녀의 말을 전했다. 그러자 묘찬스님은 깜짝 놀랐다.

'자기를 버리고 가면 자살하겠다고 하더니 참말로 자살을 해서 귀신이 되어서 여기까지 기어이 찾아왔구나.'

이렇게 생각한 묘찬스님은 몹시 무서웠다. 이 일을 어떻게 해야 될지 몰라 그 자리에서 상당 시간 망설이다가 천왕문으로 향했다. 그리고는 사천왕(四天王)에게 절을 하고 빌었다.

"원귀를 7일만 꼭 붙잡아 두시고 움직이지 못하게 하여 주시옵소서."

몇 번이나 간곡히 부탁한 뒤 다시 절로 들어가 직지사 지장전에서 처녀의 원귀를 위하여 7일간 지장보살님께 기도를 하고 천도재를 올렸다. 그랬더니 그 날 밤 묘찬스님의 꿈에 그 원귀가 나타났다.

"나는 지장보살의 가피력으로 스님과 원수를 풀고 가오니 그리 아시오."

묘찬스님은 듣던 대로 처녀의 원한은 오뉴월에도 서리를 내리게 한다는 말을 실감하게 되었다. 그 일이 있은 뒤로는 아무 탈 없이 참선공부에 전념하며 스님 생활을 열심히 할 수 있었다.

〈조계사간 영험록〉

철원 보개산 지장암의 생지장보살

 강원도 철원군 보개산 심원사에 있는 석대 지장암(石臺 地藏庵)은 생지장(生地藏, 살아 있는 지장보살)의 도량이라 하여 기도하는 신도들이 그칠 새가 없다.
 그런데 이 지장보살을 '생지장' 즉 '살아 있는 지장보살'이라고 부르게 된 데는 그만한 까닭이 있었다.
 보개산 석대암 뒤에는 큰 봉우리가 있는데, 그 봉우리를 사람들은 환희봉(歡喜峰) 또는 '대소라치'라고 부른다. '대소라치'란 큰 봉우리, 큰 고개라는 뜻이다.
 그 대소라치 너머에는 수백호의 집들이 옹기종기 모여 있었는데, 그 곳 사람들은 화전(산에 불을 질러 밭을 일구어 농사를 짓는 것)에서 나오는 곡식으로 생계를 근근이 유지하고 있었다. 그러나 그들은 화전에서 나오는 식량만 가지고는 먹고 살기에 너무나 어려워 짐승을 잡아먹기도 하고 잡아서 팔기도 하였다.

이 곳 사람들은 하나같이 사냥을 잘하였다. 그 중에서도 이순석(李順碩)이라는 사람은 특히 사냥을 잘 하여 사냥꾼의 우두머리였다.

그러나 '금강산의 뚜껑'이라고 하는 성스러운 이 보개산에 상주하는 불보살님들로서는 살생하는 것을 보고만 계실 리가 만무하였다.

어느 날 이순석은 친구 한 사람과 함께 활과 창을 메고 대소라치 능선을 따라가며 사냥할 짐승을 찾고 있었다. 그런데 어찌된 일인지 해질 무렵이 다 되어도 토끼 새끼 한 마리도 보이지 않았다.

그 친구가 순석이에게 푸념처럼 말을 건넸다.

"여보게 순석이, 오늘은 허탕인 것 같구먼. 요사이는 웬일인지 통 잡히지를 않는단 말이야."

"재수가 있으면 잡는 것이고 없으면 못 잡는 거지. 꼭 잡기만을 기대할 수야 있겠나?"

"그야 그렇지만 그래도 하루 한두 마리꼴은 잡아야 처자식들을 굶기지 않고 먹여 살릴 수가 있을 텐데, 이렇게 맨날 허탕만 친다면 처자식을 누가 먹여 살릴 것인가?"

그 친구가 푸념 섞인 말을 하고 있는 그 순간이었다. 사냥꾼 순석이의 눈에 이상한 물체가 들어왔다. 큰 짐승이었다. 재빨리 움직이면서 친구에게 손짓했다.

"쉿! 저것 보게. 저게 호랑이인가? 돼지인가? 송아지만한 것이 걸어가고 있네. 색깔이 누런 것을 보면 호랑이 같고, 머리와 꼬리를 보면 돼지도 같으니, 도무지 알 수가 없네."

바위 밑에서 엎드려 있던 친구가 말했다.

"돼지야. 금돼지란 말야. 놓치지 말고 쏘게."

순석이는 몸을 감추고 힘껏 활을 당겨서 쏘았다. 명중이었다. 화살을 맞은 돼지는 피를 흘리며 환희봉을 향하여 도망치고 있었다. 두 사람은 죽을 힘을 다하여 돼지를 쫓았다.

한참을 쫓아갔으나 어찌된 일인지 금돼지는 보이지 않고 웬 우물 속에 돌로 만든 지장보살상(地藏菩薩像)이 빠져 있는데, 머리는 우물 밖으로 나와 있고 몸은 우물 속에 잠겨 있었다.

그런데 이상하게도 지장보살상 왼쪽 어깨에는 자기들이 쏜 화살이 박혀 있었다. 두 사람은 그만 깜짝 놀랐다. 헐레벌떡 화살을 빼고 지장보살상을 건져 올리려고 하였으나, 그리 크지도 않은 보살상이 무게가 천근처럼 무거워서 도무지 들어올릴 수가 없었다.

"지장보살님이시여! 대성인께서는 저희들의 우매함을 불쌍히 여기사 신통을 나타내신 것 같습니다. 내일 다시 와서 뵈옵겠사오니 부디 샘가에 나와 계셔 주시옵소서. 그리하오면 저희들도 당장에 머리를 깎고 지성껏 모시고 도를 닦겠나이다."

두 사람은 손이 발이 되도록 싹싹 빈 후에 집으로

돌아갔다가 그 이튿날 아침에 다시 와서 본즉 과연 지장보살상이 우물 옆 돌반석 위에 앉아 계시는 것이 아닌가? 이것을 본 그들은 곧 머리를 깎고 부하 300여 명을 동원하여 절을 세워 그 지장보살상을 모셨으니 이것이 곧 석대암이다.

이 지장보살상은 높이가 3자이며 왼쪽 손으로는 구슬을 받들고 있으며, 빛깔은 청흑색이고 어깨에는 구멍이 뚫려 있다. 바로 그 구멍이 사냥꾼 순석이의 화살에 맞은 자리였다.

어느 때에 이 지장보살을 모신 법당에서 부전스님(불공하는 스님)이 잘못하여 불을 켜는 옥등잔을 땅에 떨어 뜨려서 절반이 짝 갈라지고 말았다. 부전스님은 매우 송구하여 부엌에서 근심을 하고 있노라니 또렷하고 분명하게 차분한 목소리가 어디선가 들렸다.

"여봐라, 부전대사야. 내가 옥등잔을 붙여 놓았으니 걱정 말고 불이나 켜라."

깜짝 놀라 들어가 본즉 옥등잔이 감쪽같이 붙여져 있었다. 까맣게 붙인 자국은 있었으나 기름이 새는 법이 결코 없었다.

또 어느 때 밤중에 도둑이 들어서 불기와 향로와 촛대 기타 전곡을 훔쳐 가지고 밤새도록 달아났다.

스님들이 새벽이 되어 예불을 시작하려다가 불기와 향로 등이 없어진 것을 알고 도둑이 들었다고 판단하여 주변을 샅샅이 찾아보니 글쎄 도둑이 미나리꽝에서 빙빙 돌고만 있는 것이었다.

이것은 필시 지장보살님께서 보살펴 주신 일이라 생각하고 스님들은 도둑에게 오히려 '수고 많았으니 앞으로 착하게 살라'며 돈을 주어서 보낸 일이 있었다.

그런데 이 지장보살은 도금불사(금색 칠)를 해도 오래 가지 못하고 항상 벗겨져 언제든지 청록색으로 보존되고 있는 것이다.

〈한국사찰전서〉

어머니의 혼을 천도한 나옹스님

지금으로부터 6백여 년 전인 고려 말에 나옹스님(1320~1376)이라고 하는 큰스님이 계셨다. 나옹스님은 당시 유명한 선사로서 조정과 사회에 지대한 존경을 받던 분이었다.

나옹스님이 하루는 경기도 양주 땅 회암사에서 설법을 마치고 이천 영월암이 있는 설봉산으로 가는 길이었다. 춘설이 어지럽게 흩날리는 길을 시자도 없이 혼자 설봉산 기슭을 걷고 있노라니 왠지 발걸음이 무겁기만 했다.

이 때였다. 어디선가 '어이 어이' 하는 상여소리가

들렸다.

"허, 또 누가 이생을 하직한 게로군."

막 산모퉁이를 돌아서려던 나옹스님은 초라한 장의 행렬과 마주쳤다. 상여는 물론 상주도 없이 늙수그레한 영감이 혼자 요령을 흔들며 구슬프게 상여소리를 부르고 있었다. 그리고 그 뒤엔 장정 하나가 지게에 관을 메고 무거운 듯 걷고 있었으며, 바로 뒤엔 두 명의 장정이 삽과 곡괭이를 들고 따랐다.

"누가 갔는데 이처럼 제대로 의식도 갖추지 못하고 가는 게요."

"예, 아랫마을 돌이어멈이 아직 젊은 나이에 세상을 하직했습니다."

"거참 안됐구만. 얼마 전 아들을 잃고 정신이 이상해졌다더니…… 나무관세음보살."

스님은 돌이어멈의 왕생극락을 기원하는 염불을 하고는 다시 가던 길을 재촉했다. 을씨년스런 날씨에 마음마저 착잡한 스님은 문득 출가 전 자신이 고뇌하던 일이 주마등처럼 떠올랐다.

 스님이 스무 살 때였다. 생사고락을 같이하자고 약속한 친구가 갑자기 병으로 죽었다. 비통에 잠긴 나옹스님은 '사람은 죽으면 어디로 가는가'라는 물음을 수없이 되풀이했으나 아무도 대답해 주는 이가 없었다.
 절친한 벗과의 사별하는 쓰라림을 겪은 나옹스님은 공덕산으로 요연스님을 찾아갔다. 요연스님이 다짜고짜로 물었다.
 "그대가 지금 이 곳으로 왔는데 어떤 물건이 온 곳이냐?"
 나옹스님이 대답하였다.
 "말하고 듣고 하는 것이 왔으나 보려 하여도 볼 수가 없고 찾으려 하여도 찾을 수 없나이다. 어떻게 닦아야 하겠나이까?"
 이 말에 요연스님은 나옹스님의 공부가 보통이 아님을 알았다.

"나도 너와 같아서 알 수 없으니 다른 스님께 가서 물어 보아라."

나옹스님은 다시 그 곳을 떠나 여러 곳을 돌아다니다가 양주 회암사에서 4년 동안 밤낮을 가리지 않고 앉아서 용맹정진을 하여 깨달음을 얻었다.

그러나 스님은 더 높은 경지를 체험하기 위해 중국으로 구법의 길을 떠났다. 중국 연길 법원사에 인도스님 지광화상을 만나 다시 한 번 개오한 뒤, 남쪽으로 가서 평산처림화상으로부터 법을 전수받고 사방을 두루 돌아다니던 스님은 어느 날 뜻밖에도 어머님의 타계소식을 듣게 되었다.

갑자기 어머니에 대한 애틋한 정이 솟아올랐다. 그러나 지금은 이국 땅 중국이요, 고향으로 되돌아가자면 최소한 6개월이나 걸려야 했다. 스님은 하는 수 없이 멀리서 어머니의 왕생극락을 기원할 뿐이었다.

생각이 여기까지 미치자 스님은 너무도 오랫동안

잊고 지내온 어머님 생각을 하게 되었다.

그 날 밤 스님은 어머니 생각에 잠을 이루지 못했다.

'어머니가 돌아가셨다면 극락세계로 가셨겠지.'

이렇게 생각하면서 좌선을 하고 있는데 돌아가신 어머니의 모습이 영상처럼 떠오르는 것이었다. 어머니는 지금쯤 어디에 계실까? 나옹스님은 몹시 궁금하여 신통력으로 어머니의 행적을 보았다.

그런데 이게 웬일인가. 나옹스님의 어머니 정씨는 뜻밖에도 환생하지 못하고 무주고혼이 되어 중음신으로 떠돌고 있는 것이 아닌가. 스님은 깜짝 놀랐다.

"어째서 우리 어머니가 극락세계에 태어나지 못하고 구천을 떠돌아다니는 것일까?"

나옹스님은 불제자인 자신을 원망했다. 자기를 낳아준 어머님에 대해 그토록 무관심했던 자신의 불효가 한스러웠던 것이다.

"자식이 출가하면 구족이 복을 받는다는데 우리 어머님은 업장이 얼마나 두터우시기에 구천을 맴돌고 계실까. 혹시 아들의 모습을 못 보고 눈감으신 것이 한이 된 것은 아닐까?"

스님은 지옥고에 허덕이는 어머님을 제도한 목련존자를 생각하며 어머님을 천도하기로 결심했다. 나옹스님은 이천 영월암 법당 뒤 설봉산 기슭의 큰 바위에 조각되어 있는 지장보살상 앞에서 49일 동안 어머님의 영혼을 위하여 기도를 올리기 시작했다.

"지장보살, 지장보살……."

지옥에 한 명의 중생이라도 남아 있는 한 성불하지 않고 모두 제도하겠다고 서원한 지장보살의 명호를 부르며 어머님의 왕생극락을 기원하는 나옹스님의 독경은 간절했다. 그렇게 기도하기 49일째 되던 날 나옹스님은 어머니를 위하여 철야기도에 들어갔다.

새벽녘 아직 동이 트기 전이었다. 나옹스님은 더욱더 열심히 기도를 하고 있는데, 지장보살상에서 환한 금빛 광채가 빛나고 있는 것이었다. 그것은 눈부신 자비의 광명이었다. 스님은 놀라서 고개를 들고 지장보살의 얼굴을 올려다보았다. 지장보살의 눈에선 눈물이 주르르 흐르는 듯했다. 고통받는 지옥 중생 때문에 지옥 문전에서 눈물이 마를 새 없다는 지장보살님께서 어머니를 천도한 것이었다.

"아, 지장보살님께서 내 기도에 감응하시어 우리 어머니를 천도하셨구나."

나옹스님은 어머니의 천도를 확인하고는 마음에 큰 짐을 내려 놓은 듯 매우 기뻤다.

"어머님, 이제 아들에 대한 섭섭하신 마음은 거두시고 편히 극락에 드십시오."

이렇게 지장기도로서 어머니를 천도한 나옹스님은 다시 신통력으로 이미 천도왕생하신 어머님을 바라보았다. 어머니는 지옥을 벗어나 있었다.

그 후부터 영월암 지장보살님 앞에는 선망부모의 왕생극락을 빌면서 자신의 업장을 소멸하려는 기도객들의 발길이 끊임없이 이어지고 있다.

〈한국문화재대관〉

독사지옥에 빠진 아버지를 구한 정진화상

 조선 말기, 그러니까 1900년대 전후에 정진스님이라는 분이 있었다. 그 스님은 경남 울산 출신으로 어린 나이에 아버지를 여의고 부산 범어사로 들어가 머리를 깎고 공부하고 있었다.

 그 스님은 항상 아버지의 영혼을 천도하지 못한 것을 후회하고 있었다. 또 한편 그 스님의 소망은 꿈 속에서라도 돌아가신 아버지를 한 번 보고 싶은 것이었다. 그리하여 늘 아버지를 위하여 지장보살을 부르면서 지장기도를 하였다.

 그러던 어느 날 밤이었다. 그 날도 역시 돌아가신 아

버지를 위하여 지장경을 읽다가 피곤하여 잠시 잠이 들었는데, 꿈 속에서 한 노스님이 찾아와 문 밖에서 정진스님을 부르는 것이었다. 정진스님이 나가 보았더니 노스님은 자기를 따라오라며 어디론가 향해 가기 시작했다.

정진스님이 그 노스님을 따라 얼마쯤 가다가 사방을 보니 어느새 그 노스님은 자취를 감추고 없었고, 자기가 서 있는 곳은 뜻밖에도 망망대해의 외딴 섬이었다. 사람도 없고 집도 없었다. 사방은 끝없는 바다로 둘러싸여져 있었고, 앞은 낭떠러지에 바닷물이 출렁대고 있었다. 오도가도 할 수 없는 절해고도에 혼자 와 있는 것이었다. 정진스님은 갑자기 두려움이 생겼다.

그런데 그 순간 난데없이 어떤 한 노인이 나타나더니 정진스님에게로 다가와서 고향과 이름을 묻는 것이었다. 정진스님이 사실대로 대답하자 그 노인은 정진스님의 손을 잡고서 길게 한 숨을 내쉬며 바로 자기가 정진스님의 아버지라는 것이었다. 그러면서 목이 메이도록 슬피 우는 것이었다.

정진스님은 그 광경을 보고서 가슴이 뭉클했으나 워낙 어렸을 때 아버지를 여의었으므로 잘 알아 볼 수가 없어서 어리둥절해 할 수밖에 없었다. 그래서 정진스님은 그 노인에게 아버지의 성명과 고향, 돌아가신 날짜, 그리고 평소 무엇을 하셨는지에 대하여 물었더니 모두 자세하게 말할 뿐만 아니라 어머니의 성명과 생년월일, 그리고 정진스님에 대해서도 자세히 말하는 것이었다. 정진스님은 비로소 이 분이 돌아가신 자신의 아버지임을 실감하게 되었다.

그런데 아버지의 몰골이 말이 아니었다. 얼굴은 고통에 시달려 피골이 상접하였고, 입고 있는 옷도 다 찢어진 옷에다가 전신이 성한 데가 없었다. 정진스님은 아버지가 분명 삼악도 어디에 떨어져 있다는 것을 짐작할 수가 있었다. 정진스님은 아버지의 그런 모습을 보자 그만 눈물이 왈칵 치솟아 올라왔다.

"아버지, 아버지, 저도 아버지를 꼭 한 번 보고 싶었습니다. 이렇게라도 만나게 되었으니 이젠 여한이 없습니다."

아버지도 눈물을 흘리면서 말했다.

"그래, 너의 어머니도 잘 있느냐? 그런데 나도 없는데 너마저 이렇게 스님이 되었으니 어머니는 어떻게 살라고 그러느냐? 하지만 네가 스님이 된 것이 나에게는 정말 천만다행이로구나."

저승의 아버지와 이승의 아들은 이렇게 한동안 부여안고 울었다. 아버지가 정진스님에게 말했다.

"우리가 이렇게 울기만 하면 무엇하겠느냐. 그보다도 더 큰일이 있다. 너는 다행이 부처님 제자가 되었으니까 나를 좀 구해다오. 나는 생전에 삼보를 비방하고 방탕하게 살면서 죄를 많이 지었다. 그 과보로 지금 나는 사방이 뱀으로 둘러 싸여 있는 요사지옥(繞蛇地獄, 독사지옥)에 떨어져 있다. 이 지옥은 항상 수백만 마리의 독사가 물려고 혀를 내밀고 있다. 너무나 무서워 못 살겠구나. 몸서리치고 소름이 끼치는구나. 어서 좀 구해다오."

아버지는 정진스님을 붙잡고 이렇게 애원하는 것이었다.

"애야, 이곳에는 나 뿐만이 아니라 너의 당숙과 우리 마을에 살던 박문택이라는 사람도 와 있다. 네가 나를 위하여 부처님께 천도재를 올려 주고 지장경과 법화경을 한 질씩 써서 부처님께 올리고 열 번만 읽어 준다면 내가 이 지옥에서 벗어날 수 있을 것이다. 내가 이곳에 들어왔을 적에 중국의 소주자사 정익수라는 사람이 있었는데, 그 사람 역시 지장경과 법화경을 써서 부처님께 올리고 천도재를 지내 준 공덕으로 이 독사지옥을 벗어났느니라. 그러니 네가 밖으로 나가거든 꼭 나의 부탁을 들어다오."

정진스님이 깜짝 놀라 깨어 보니 꿈이었는데, 마치 아버지가 여전히 옆에 있는 듯 하였다.

정진스님은 너무나 슬펐다. 독사지옥에서 갖가지 고통을 받아서 피골이 상접한 그 모습이 떠올라 잠시도 머뭇거릴 수가 없었다. 정진스님은 즉시 법당으로 올라가 부처님께 천도재를 올리고 이어 지장전에 나아가 지장보살님께도 천도재를 올렸다.

그리고는 당시 순천 선암사에 계시는 김경운(金擎雲, 1852~1936) 큰스님께 찾아가 지장경과 법화경을 각각 한 질씩 써서 부처님께 올리고 열 번씩 외웠다. 그랬더니 다음 날 꿈에 아버지가 나타나 "네가 내 말대로 부처님께 천도해 준 덕택으로 좋은 곳으로 가게 되었다"고 하더라는 것이다.

정진스님의 아버지 이름은 손유상이었는데, 이 이야기는 실화로서 김대은스님께서 들으시고 자신의 저서 《신앙의 등불》에 수록한 것을 다시 정리한 것이다.

지장보살의 기적

중국 옹주(雍州)에 살던 이씨 부인은 독실한 불교신도로서 정성껏 부처님 가르침을 받드는 분이었다. 그는 집에 있으면서도 항상 지장재일을 지켰으며 신행도 남달리 뛰어났다. 그런데 자기 집에 45센치 가량 되는 지장보살상을 조성해 모시고부터는 이상한 일들이 자주 일어났다.

이씨 부인에게는 쉰 살 정도 되는 한 여종이 있었는데 그는 생각이 삿되어 부처님 가르침을 믿지 않았을 뿐만 아니라 자기 주인이 불교를 믿는 것조차도 아주 못마땅하게 여기고 있었다.

하루는 이씨가 없는 틈을 타서 지장보살상을 들고 나가 풀숲 속에 버려버렸다. 이씨가 집에 돌아와 보니 항상 자신이 모시고 있던 지장보살상이 보이지 않는지라 집안을 샅샅이 뒤졌으나 끝내 찾을 수가 없었다. 그래서 해가 질 때까지 근심하고 있는데, 어렴풋이 밖에서 누가 부르는 듯한 느낌이 들어 문을 열고 나가보니 앞산 풀숲 속에서 이상한 빛이 솟아나고 있었다.

이씨 부인은 직감으로 느껴지는 바가 있어 단숨에 그 곳으로 달려가 보니 생명같이 모시던 지장보살상이 풀숲에 팽개쳐 있었다. 이씨 부인은 눈물과 울음이 섞인 감동으로 다시 지장보살상을 모셔다가 정성껏 모셨다. 그러나 그것이 여종의 소행인 줄은 몰랐던 것이다.

그런데 그 때 여종이 갑자기 쓰러지더니 곧 죽을 듯이 숨을 헐떡거리기 시작하였다. 이씨 부인은 즉시 의원을 불러다가 갖가지 약을 쓰고 정성들여 간호한 결과 얼마 되지 않아 정신을 차리더니 통곡하며 말하였다.

"제가 잘못했습니다. 죽을 죄를 지었습니다. 용서하여 주십시오. 제가 조금 전에 갑자기 검은 옷을 입은 사람들에게 잡혀가 정신 없이 끌려가 보니 당도한 곳이 명부(冥府, 사람이 죽은 뒤에 심판을 받는 곳)였습니다. 명부에 가 보니 한 옥졸이 문서를 읽는데 '너는 지장보살상을 훼욕하여 대죄를 범하였으니 대왕 앞에서 심판을 받고 마땅히 지옥에 잡아 넣어 큰 고통을 받게 하리라.' 하였습니다. 그 때 염라대왕 앞에 한 스님이 나타나 이렇게 말하였습니다. '이 사람은 우리 신도 집에서 일하는 종이니 비록 나의 형상을 보기 싫다고 내다 버리기는 하였으나 나는 그 사람을 저버리지 않을 것이니 바라건대 염라대왕은 이 사람을 불쌍히 여겨 도로 살려 주기 바랍니다.' 이 말을 듣고 염라대왕은 곧 저를 놓아 주었습니다. 그래서 제가 다시 살아날 수 있었던 것입니다."

〈지장보살 영험록〉

지장보살의 힘으로 도적을 물리치다

중국 무주(撫州)에 살던 조씨는 일찍부터 불교에 귀의하여 지장보살을 극진히 믿었다. 그는 무주자사(撫州刺史)의 며느리가 된 뒤에도 지장보살을 향한 공경심은 더욱더 간절하여 아침저녁으로 예불하기를 조금도 게을리 하지 않았다.

그러나 그의 부모들은 뜻밖에도 신심이 전혀 없었다. 그러므로 조씨는 부모에 대한 걱정이 잠시도 떠나지 않았다. 오랫동안 고민하던 조씨는 부모님을 위하여 자신이 가지고 있던 패물과 물품을 팔아 돈을 마련하여 지장보살상을 조성하기로 하였다.

그리고 몇 달 후 우여곡절 끝에 1미터 높이의 훌륭한 지장보살상이 조성되었다. 금빛이 찬란한 지장보살상이었다. 조씨는 큰스님을 모셔다가 점안식을 한 뒤 그 앞에서 조석으로 정성을 바쳐 공양, 염불하였다. 부모를 위하여 이렇게 하였으니 그는 참으로 효녀였던 것이다.

그 후 얼마 지나지 않아서 밤중에 그의 집에 도둑이 침입한 일이 있었다. 도둑이 담을 넘어 들어와 내실 문틈으로 가만히 집 안을 들여다보니 금빛이 찬란한 지장보살님이 앉아 계시는 것이었다. 도둑은 이를 보자 무서워 감히 물건을 훔칠 생각을 내지 못하고 도로 담을 넘어 돌아갔다가 다음 날 낮에 의관을 갖추고 손님을 가장하여 그 집에 다시 들어갔다.

그러나 문틈으로 비춰진 지장보살상의 모습에서 그의 마음 속 한 구석에 착한 마음이 싹텄다. 그래서 그 집주인을 찾았으나 바깥주인은 없고 안주인 혼자 있을 뿐이며, 지난 밤에 본 지장보살상도 보이지 않았다.

도둑은 더욱 이상한 생각이 들었다. 반드시 이 집에는 성인이 가호하시는 집이라는 것을 느끼고 안주인에게 이제까지의 자기의 과거를 다 털어 놓고 말하였다. 그리고 진정으로 참회하고 공경스런 인사를 드리고 물러갔다.

그런 일이 있은 뒤 어느 날 조씨의 아버지는 먼 길을 가다가 우연히 오래 전에 원한 맺힌 사람을 만나게 되었다. 그는 원한이 아직도 풀리지 않은 듯 다짜고짜 칼을 빼어들고 덤벼들었다.

"너 잘 만났다. 어디 맛좀 봐라!"

조씨의 아버지는 혼비백산하고 당황하여 어쩔 줄 모르고 있는데 갑자기 그 앞에 금빛 옷을 입은 스님 한 분이 나타나 원수가 내려치는 칼을 막았다. 원수는 몇 번이고 칼을 휘두르면서 그 스님을 내리쳤다. 결국 스님은 머리에 칼을 맞고 땅에 쓰러졌다. 그러자 원수는 원한이 풀린 듯 가버렸다. 원수의 눈에는 스님이 조씨의 아버지로 보인 것이었다.

조씨의 아버지는 그 도적이 떠난 다음 마치 꿈에서 깨어난 듯 정신을 차려 살펴보았지만 쓰러져 죽은 스님은 보이지 않았고 피 한 방울도 찾아볼 수 없었다. 하도 놀랍고 기이하여 아버지는 가던 길을 돌려 곧바로 염불을 잘 하는 자기 딸의 집으로 찾아갔다. 그리고 그 날 당한 일의 자초지종을 딸에게 말하였다.

 부녀는 이상히 여기고 문득 생각나는 바가 있어 지장보살께로 달려갔더니 아니나 다를까, 지장보살상에는 칼 맞은 흔적이 있었고 금빛도 변해 있었다. 부녀는 지장보살님 앞에 엎드려 급할 때 나타나시어 대신 목숨을 구해 주고 원수의 묵은 원한을 풀어 준 것에 대하여 깊이 감사드렸다.

 "지장보살님께서 우리 아버지가 맞아 죽을 액난을 대신 맞았다."

 조씨는 지장보살상 앞에 엎드려 한없이 흐느껴 울면서 염불하기를 멈출 줄 몰랐다.

 또 이 일이 있은 후부터 그의 부모님도 발심하여 부

처님을 믿기 시작하였다. 그리고 열심히 염불하는 지장보살의 신자가 되어 아버지는 장수를 누리다가 세상을 떠났다. 죽은 지 35일이 지나서 딸의 꿈에 아버지가 나타났다. 그의 아버지의 몸에서는 찬란한 금빛 광명이 나며 허공을 평지와 같이 자유자재롭게 다니는 것이었다. 하도 반갑고 신기하여 조씨는 아버지를 향하여 소리쳤다.

"아버지, 어디로 가십니까?"

그의 아버지는 가까이 와서 자상한 목소리로 딸에게 말하였다.

"나는 이제 제4천의 동사보처(同事補處)로 가는 길이다. 나뿐만 아니라 천상에 나는 사람들은 모두 지장보살님의 인도를 받아 간다. 너도 지장보살을 더욱 잘 공경하라. 너의 어머니는 30년 뒤에 올 것이며 너도 25년 뒤에 올 것이며 너의 남편은 28년 뒤에 와서 함께 살게 될 것이다. 그러니 안심하고 잘들 살아라."

이 말을 마치자 아버지의 모습은 보이지 않았다. 과

연 그 뒤에 조씨의 어머니와 조씨 자신, 그리고 조씨 남편은 아버지 말과 같이 세상을 떠났다. 그 뒤로부터 무주 고을 안에 지장보살의 동상이나 화상을 조성하여 예배 공양하는 사람이 많아졌으며 감응을 받은 사람 또한 적지 않았다고 한다.

〈지장보살 영험록〉

지옥 속의 스님과 개선사의 지장보살

중국 당나라 때 종산(鍾山) 개선사(開善寺)의 지장전에는 지장보살이 모셔져 있었다. 이 지장보살은 높이가 3척인데 그 절에 모신 지가 상당히 오래 되었으나 어느 때 누가 조성해 모신지는 알 수 없고 그냥 대대로 모셔져 왔던 것이다.

그 주변에는 항상 큰 빛이 4척이나 비추고 있어서 사람들은 모두 신기해 하고 있었다.

그 뒤에 양주(揚州) 도독으로 있던 등종(鄧宗)이 61세 되던 해에 가벼운 병으로 누웠다가 갑자기 죽고 말았다. 그의 가족들은 너무나 급히 당한 일이라 놀라고 두려운 나머지 장례 준비도 못하고 망설이고 있었다.

그런데 죽은 이의 몸을 만져 보니 아직 가슴이 따뜻하므로 염하지 않고 그냥 놓아 두었다. 그랬더니 하루를 지난 다음 날 밤중에 등종은 마치 잠에서 깨어나듯 다시 살아나더니, 말없이 통곡하면서 다음과 같이 자손들에게 말하는 것이었다.

"나를 꼭 개선사에 데려다 다오."

등종은 가족들에게 다른 말은 하지 않고 오직 이 말만 하였다. 개선사는 거기서 멀지 않은 곳에 있었다. 그리하여 사람들이 그를 가마에 태워 개선사로 가니 등종은 개선사 스님께 여쭈었다.

"이 절에 높이가 3척쯤 되고 광명이 4척이 넘는 지장보살님이 계십니까? 계시면 제가 꼭 절을 올리고 공양코자 하오니 안내해 주셨으면 합니다."

이 말을 들은 스님들과 함께 갔던 여러 사람들은 이상해 하면서도 등종을 지장보살을 모신 법당으로 인도하였다. 그리고 그 까닭을 물었다.

등종은 말없이 지장보살 앞에 나아가더니 한 번 쳐다보고는 그만 엎드려 눈물을 줄줄 흘리는 것이었다. 한참 동안 울고 나서 또한 여러 번을 우러러보며 예경하더니 이윽고 주위 사람들에게 말하였다.

"내가 죽을 때 검은 옷을 입은 관인이 와서 나를 끌고 갔는데 마침내 당도한 곳이 염라대왕 앞이었습니다. 염라대왕이 나를 보더니 이렇게 말씀하셨습니다.

'너는 아직 죽을 때가 멀었으니 다시 인간으로 되돌아가거라. 그리고 부처님 법을 받드는 것으로 너의 집 사업을 삼아라. 이 곳 지옥이라는 곳은 세상 사람들이 많이 오는 곳이다. 그런데 세상 사람들은 지옥에 대하여 전혀 알지 못하고 있으니 네가 지옥을 한 번 구경하고 돌아가거든 세상 사람들에게 지옥이 얼마나 무서운 곳인지 자세히 알려 주어라.'

그리고 나서 염라대왕은 초록색 옷을 입은 관원을 불러 몇 마디 분부하였습니다.

내가 관인을 따라 동북방 쪽으로 3~6리 가량 가니

그 곳에는 쇠로 만들어진 큰 성이 있는데 쇠문으로 꽉 닫혀 있었고 성 안에 들어서니 맹렬한 불길이 솟아오르고 쇠 녹은 물이 강물처럼 흐르고 있었습니다. 그 속을 자세히 살펴보니 헤아릴 수 없는 많은 사람들이 고초를 받고 있었습니다.

그런데 다른 한쪽을 살펴보니 맹렬한 불길을 헤치면서 고초받는 사람들을 위하여 교화하고 계시는 스님의 모습이 보였습니다. 이상하게도 그 스님이 가시는 곳은 금방 맹렬한 불꽃이 멈추는 것이었습니다.

나는 앞으로 계속 나아가면서 여러 가지 지옥을 구경하였는데, 한 성에 이르니 또 무서운 큰 지옥이 열여덟 개나 있었습니다. 그 큰 지옥에서 고통받는 모양은 도저히 형용할 수 없는 것이었습니다. 여기서도 또 앞서의 스님이 보였는데 역시 그 스님은 불길을 멈추게 하고 죄인을 교화하고 계셨습니다.

내가 차마 볼 수 없는 지옥의 여러 가지 광경들을 낱낱이 구경하고 돌아올 때에는 그 스님도 지옥에서 나오시면서 나에게 이렇게 말씀하셨습니다.

'나를 알아 보겠느냐?'

저는 사실대로 스님께 말씀드렸습니다.

'잘 모르겠습니다.'

'나는 개선사에 있는 지장보살이다. 옛날 지장(智藏) 법사의 제자인 지만(智滿) 법사가 지옥·아귀·축생 등 삼악도에서 고통받는 중생들을 구해 내기 위하여 나의 형상을 만들어 모셨으므로 내가 지만스님의 청을 받아들여 매일 한 번씩 열여덟 개의 큰 지옥과 그 밖의 무수한 작은 지옥에까지 다니면서 고통받는 중생들을 교화하고 있는 것이다. 내 자세히 살펴보니 지옥에 떨어진 중생 가운데에도 아직 선근이 남아 있어 착한 마음이 강한 자는 내 말 한 번에 곧 발심하여 지옥고를 벗어났으나 착한 마음은 없고 삿된 생각만 많은 자는 고통을 벗어나기 어려우니라.

그런데도 세상 사람들은 악업만 기를 뿐 자기 허물은 깨달을 줄 모르고 있다. 또 그들은 착한 일은 하지 않고 오직 고통받는 일에서 빠져나올 것만 기다리고 있으니 이 어찌 슬픈 일이 아니겠느냐. 세상에 살면서 조금이라도 선근이 남아 있는 사람은 자신의 허물을 뉘우치고 착한 마음을 낼 수 있을 것이니, 너는 속히 나아가 세상 사람들에게 지옥고가 어떤 것인지 알려 주어라. 그리하여 그들이 지옥고를 받지 않도록 일러주고 힘쓰도록 하라. 어서 인간에 나가 여러 사람들에게 이 뜻을 전하여라.'

이 말씀을 듣고 고개를 들어 스님을 쳐다보니 스님의 몸은 어느덧 적어져 키는 3척 정도로 보이고 이마에서는 환하게 광명이 났으며 눈이 유난히 빛났습니다. 내가 공손히 예배를 드리고 돌아서려 하니 스님께서는 이런 글귀를 일러 주셨습니다.

인간 세상에 있으면서도 도를 닦을 수 있나니
모든 선근이 끊어진 자도
마음만 먹으면 발심할 수 있네

만일 악도에 떨어져서 이미 죄업이 쌓이면
분별심을 잃어 구원하기 어려우니라.

예컨대 노쇠한 사람들이 길을 가고자 할 때
만일 팔다리를 움직인다면
부축하여 나아갈 수는 있어도
누워 움직이지 못하면 어찌할 수 없는 것같이
중생들의 악업도 확정되면 역시 그와 같으니라.

스님께서는 이 게송을 말씀하시고 어디론지 자취를 감추셨습니다. 나는 그 때부터 그 스님이 일러 주신 말씀을 잊을까봐 그것만을 생각하느라고 아무 말도 못하고 지금까지 있다가 이제 여기 지장보살의 존상을 우러러 뵈오니 지옥에서 보던 바와 똑같고 또한 그 때에 말씀하신 것이 생생히 되살아납니다."

〈상동〉

지옥에 떨어진 어머니를 구한 딸

 중국 당나라 때 진도독(陳都督)에게는 귀한 딸이 하나 있었다. 그런데 진도독의 딸은 어머니가 돌아가시자 슬픔과 고통으로 견딜 수가 없어서 식음을 전폐하고 밤낮으로 울기만 하였다. 이대로 가다가는 딸에게 큰일이 일어날 것만 같아서 진도독은 딸을 불러 놓고 위로하였다.

 "애야, 비록 어머니가 죽었기로서니 애비인 내가 살아 있는데, 그렇게까지 상심할 것이 있느냐? 나를 생각하여 그만 슬픔을 거두고 무얼 좀 먹도록 하여라."

 딸의 슬픔을 달래 보려고 이것 저것 다 써 보았으나

허사였다. 진도독은 '이러다가 딸자식마저 잃게 되는 구나' 하고 생각하니 가슴이 아찔하고 답답하여 미칠 것 같았다. 여러 가지로 생각한 끝에 딸을 붙들고 또 달랬다.

"네가 돌아가신 어머니를 생각하는 것은 자식으로서 당연한 일이다. 하지만 음식을 먹지 않으면 너도 곧 죽게 될 것이니 너의 어머니를 생각하는 도리가 아니지 않느냐. 네가 참된 효녀라면 차라리 어머니를 위하여 부처님께 정성껏 기도드리는 것이 좋겠다. 이제 집에 지장보살님의 존상을 모실 터이니 어머니를 위하여 기도를 드리도록 해라."

그는 곧 그림 잘 그리는 화가에게 청하여 지장보살 존상을 조성하였다. 1미터 가량 되는 지장보살상이 완성되자 딸이 아버지께 청하였다.

"아버지, 이번에 모신 지장보살님을 어머님께서 계셨던 자리에 모시고 싶습니다. 그리고 어머니 생각이 날 때마다 지장보살님을 우러러보고 또한 지장보살님

염불도 하고자 합니다."

진도독은 딸이 마음을 돌린 것이 여간 기쁘지 않았다. 그래서 딸에게 침실을 비워 거기에 지장보살상을 모시게 해 주었다. 그 다음부터 지장보살님에 대한 딸의 정성은 대단하였다. 밤낮으로 예배 공양하며 어머니의 명복을 비는 기도와 염불을 쉬지 않았다.

그러는 사이 딸의 마음도 어느덧 안정되고 텅 비어 쓸쓸했던 집안에도 차차 훈기가 도는 듯했다. 그러던 어느 날 밤 딸이 꿈을 꾸었는데 꿈 속에서 한 스님이 이렇게 말씀하시는 것이었다.

"갸륵하다 효녀여, 너의 어머니는 아주 뜨거운 초열(焦熱)지옥에 있느니라. 나도 옛날 너처럼 어느 집 딸로 태어난 적이 있었다. 그 때 나의 아버지 이름은 시라선견(尸羅善見)이었고 어머니의 이름은 열제리(悅帝利)라고 하였었다. 나는 나의 어머니가 돌아가신 뒤 태어난 곳을 몰라 애태우다가 마침내 부처님의 자비하신 인도를 힘입어 어머니가 지옥에 빠져 고통을 받고 있는 것을 알고는 부처님께 발원, 기도하여 어머니로 하여금 천상에 태어나게 하였느니라. 나는 그 때부터 보리심을 발하여 일체 중생의 고통을 없애 주기로 맹세하였었다. 이제 너의 효심을 보니 옛날 생각이 나는구나. 너의 효성이 장하다. 내 반드시 초열지옥에 들어가 너의 어머니를 지옥고로부터 벗어나게 해 주겠노라."

이 말씀을 마치자 스님은 갑자기 사라져 보이지 않았다. 잠시 후 스님이 다시 나타나더니 자비하신 얼굴로 웃음을 머금고 진도독의 딸에게 가까이 오셨다. 딸이 얼핏 보니 스님의 옷자락이 불에 타 있는 것이 아닌가? 그래서 이유를 물었더니 스님께서는 다음과 같이 말씀하셨다.

"내가 조금 전에 너의 어머니를 구하러 초열지옥을 다녀왔는데, 아마 그 때 불에 탄 것 같구나."

이윽고 꿈에서 깨어난 딸은 어머니가 천상에 태어난 것을 의심할 여지가 없었다. 그리고 애달픈 마음,

그리운 마음, 안타까운 마음, 괴로운 마음 등 갖가지 걱정들이 단번에 사라지고 가슴 속이 환히 열리는 것 같았다. 딸의 가슴에는 기쁜 마음이 잠잠히 피어올랐다.

〈상동〉

지장보살을 항상 모신 공덕

당나라 때에 별가(別駕) 벼슬을 한 건갈(健渴)이라는 사람은 신심이 돈독하고 행동거지 또한 매우 청정하였다. 그러면서도 평소 생각하기를 '나와 같이 속가 살림을 사는 재가자로서 어떤 불보살님을 모시는 것이 좋을까' 생각하다가, 몇몇 스님을 찾아가 물었으나 신통한 대답을 얻지 못하였다. 그러던 중 하루는 어떤 스님이 와서 이렇게 말씀하셨다.

"내 생각 같아서는 지장보살을 섬기는 것이 좋을 듯 싶소. 지장보살님께서는 '지옥에 있는 중생을 모두 제도하기 전에는 성불하지 않겠다'고 원력을 세우신 분입니다. 그러니 지장보살님의 명호를 부르면서 섬기는 것이 좋을 듯하오."

그 말을 들은 건갈은 무언가 마음 속에 와 닿는 것이 있었다. 그리하여 그는 '나와 같이 부모님을 섬기며 가족을 거느리고 세속에서 벼슬을 하고 사는 사람은 지장보살을 믿는 것이 가장 좋겠다'는 생각이 들었다.

그는 이렇게 생각하고 나니 '부처님의 부촉을 받으신 지장보살님이 어찌 나를 저버리시랴!' 하는 믿음이 들면서 열심히 지장보살을 염원하며 수행에 힘썼다. 그리고 항상 지장보살을 받들어 모시고 다녀야겠다는 생각에 전단향 나무를 구하여 높이 3치쯤 되는 지장보살 존상을 조성하여 상투머리 속에 모시고 다녔다.

그는 다닐 때나 머무를 때나 눕거나 앉거나 사람들과 이야기할 때나 항상 지장보살을 모시고 있다는 생각을 잊지 않았다.

그러던 중 장종(莊宗) 천성년(天成年, 서기 926년)에 병란이 일어났다. 건갈은 반란군에 포위되어 곧 죽을 지경에 이르렀다. 다른 사람들도 우왕좌왕하는 중에 반란군에게 참변을 당하는 사람도 있고 도망가는 사람도 있었다. 건갈은 매우 당황하였다. 어떻게 하면 목숨을 건질 수 있을까 생각하다가 마침 상투 속에 모시고 다니던 지장보살 생각이 나서 일심으로 지장보살을 염원하였다.

때마침 반란군의 대장인 듯한 자가 건갈을 발견하고는 칼을 빼다가 갑자기 주춤하더니 크게 놀란 모습을 하며 재빨리 말에 채찍질을 가하며 달아나는 것이었다. 건갈은 이상하게 여겼으나 일단 위기를 벗어 났으므로 한숨을 돌렸다.

난이 평정되자 건갈의 소문은 쏜살같이 퍼졌다. 사람들은 반란군의 대장이 건갈을 보자마자 갑자기 말머리를 돌려 달아났고 또 남은 병사들도 정신 없이 달아난 이유에 대해서 매우 궁금했지만, 아무도 그 까닭은 알지 못하고 다만 기이하다는 소문만이 전국에 널리 퍼져갔다.

얼마 후 건갈은 장흥년(長興年, 서기 930년)에 새로운 지방관에 임명되어 부임하게 되었다. 그는 어느 후미진 냇가에 다다르자 무언가 섬뜩한 느낌이 들었다. 그는 더욱더 일심으로 지장보살을 부르면서 다리를 건너 산 밑에 이르니 어떤 사람이 바쁜 걸음으로 그를 부르며 따라오고 있었다.

그는 과거에 건갈과는 깊은 원한 관계에 있는 사람이었다. 건갈은 '이제 올 것이 왔구나' 생각하고 있는데, 그 사나이가 무섭게 다가오더니 갑자기 태도를 바꾸어 민망하리만치 정중한 태도로 돌변하는 것이었다. 그리고 그에게 말하였다.

"당신이 이 길을 지나 부임할 것이라 생각되어 미리 다리 밑에 숨어 있었습니다. 그런데 멀리서 올 때만 해도 당신 혼자서 말을 타고 왔는데, 다리 가까이 와서는 갑자기 당신도 말도 보이지 않고 웬 스님 한 분이 지나가실 뿐이었습니다. 이상한 일이다 생각되어 한참 지켜보았지만 역시 당신의 모습은 보이지 않고 스님

한 분만 보일 뿐이었습니다. 그러다가 한참 있다 보니 이번엔 스님 모습은 보이지 않고 당신이 여전히 말을 타고 가는 것이 아니겠소. 내가 하찮은 일을 가지고 당신과 원한을 맺었으니 이것은 나의 잘못이오. 당신은 분명히 부처님이 도우시는 사람 같소. 이제 내가 과거의 일을 다 풀어버릴 테니 당신도 마음을 놓으시오."

건갈은 한편 놀라고 한편 반가웠다. 자기는 다만 지장보살을 생각하면서 걸어갈 뿐이었는데, 원수의 눈에는 스님의 모습으로 보였다는 사실과 또 원한을 품은 사람이 마음을 돌렸다는 것은 더더욱 기쁘고 다행스러운 일이었다. 건갈도 다정한 태도로 말하였다.

"고맙소이다. 앞으로 잘 지냅시다."

두 사람은 깨끗이 화해하고 헤어졌다. 건갈은 계속 염불을 하면서 임지로 향하였다. 산을 넘어 들에 이르니, 해는 이미 서산에 졌고 날은 어두워지기 시작하였다. 더구나 비마저 부슬부슬 내려 음산하기까지 했다.

그래서 건갈은 사방을 살피다가 집 한 채를 발견하고 그 곳에서 하룻밤을 보내기로 했다.

밤중이 되자 비바람이 더욱 세차게 불어와 객실의 문이 찢어지고 불도 모두 꺼져 버렸다. 건갈은 잠을 이루지 못하고 일어나 앉아 있었다. 그러나 칠흑 같은 밤인데도 앞이 환히 보였다. 그리고 어디선가 '빨리 가거라, 빨리 가거라' 하는 소리가 가느다랗게 분명히 들려왔다. 건갈은 곧 일어나서 떠날 차비를 하였다. 폭풍우 속에서도 그의 앞은 환히 밝아 보였다. 그는 밤을 새워 그 곳을 지나왔다.

그런데 날이 밝고 보니 건갈이 머물고자 했던 일대는 홍수가 나서 물바다로 변해 있었다. 건갈은 새삼 부처님의 은혜에 눈시울이 뜨거워지는 것을 참을 수가 없었다. 그는 합장하고 목이 메이도록 지장보살을 불렀다.

그가 원수의 눈에 보이지 않았던 것도, 또 밤에 "빨리 가거라 빨리 가거라" 하면서 그의 앞길을 밝혀 준

광명도 모두가 그가 상투 속에 모시고 다니는 지장보살님의 가피에 의한 것이었다.

그 후 건갈은 하는 일마다 모두 형통하게 이루어졌다. 그는 서기 935년, 그의 나이 78세 때 임종하였는데, 임종시에 그는 단정히 앉아 합장하고 염불하고 있었다. 그의 상투에서는 유난히 밝은 광명이 퍼져 나와 그의 온몸을 덮고 있었다.

〈상동〉

지옥을 구경하고 중생을 천도한 최이계

 중국 송나라 때 장안에 살던 최이계(崔李係)는 도독(都督)을 지낸 사람이다. 그는 서기 969년에 가벼운 병으로 누웠다가 홀연히 죽고 말았다. 그런데 그는 이틀 만에 되살아나서 지옥에 대하여 말하였다.

 최이계가 누워 있는데 관리로 보이는 두 사람이 와서 양쪽 팔을 붙들고 "어서 가자" 하며 일으켜 세웠다. 그리고 어디론가 마냥 재촉하며 데리고 갔다.

 얼마를 갔었는지 어떤 큰 성문 앞에 이르렀다. 그 안에는 덩그런 기와집이 10여 채가 있었다. 집 앞에 도착하니 그 안에는 검은 관을 쓴 관리가 보였고, 그 앞에는 또 다른 여러 관리들이 있었으며 그 밖에 사령인 듯한 사람들이 여러 명 있었다. 사자는 이계를 끌어다 어떤 관리 앞에 세웠다. 관리가 물었다.

"너는 불법을 닦은 적이 있는가? 착한 행동을 한 적이 있는가? 스님들께 공양을 올렸던 적이 있는가?"

이렇게 묻더니 한참 동안 망설이다가 다시 말했다.

"보아하니 당신은 이미 큰 성인을 받들어 모신 적이 있구나. 그대는 이미 세상에 있으면서 큰 복을 지었구만."

그리고 옆에 있는 관리에게 물었다.

"이 사람의 수명이 어찌 되었습니까?"

관리가 책을 몇 장 넘기더니 이계를 보고 말하였다.

"이계의 수명은 아직 다하지 않았습니다. 지장보살님의 구호를 받은 것이오."

그리고 이번에는 사령들을 향하여 말하였다.

"너희들은 어찌하여 사람의 수명을 경솔하게 다루느냐."

그 관리가 또 물었다.

"그대는 집에 돌아가고 싶지 않은가?"

"돌아가고 싶습니다."

"기왕 여기에 왔으니 지옥이나 한번 구경해 보고 가지 않겠는가?"

"네, 한번 구경해 보고 싶습니다."

이 말을 들은 관리는 말 한 필과 사자 두 사람을 시켜서 함께 가게 하였다. 거기서 동북방으로 5~6리 가량 가니 쇠로 만들어진 큰 성에 당도하였다. 거기가 바로 지옥이었다. 이쪽에서 저쪽 끝까지는 수십 리나 되었고 그 안에 쇠로 만들어진 집이 있어서 쇠 끓는 물과 불꽃이 그 안에 꽉 차 있었다.

한참을 둘러보다가 쇠문이 달려 있는 어떤 집에 도착하여 문 사이로 그 안을 잠깐 엿볼 수 있었다. 그랬더니 놀랍게도 그 안에는 돌아가신 이계의 조부모들이 있었고 목에 칼을 차고 수갑에 채이고 몸은 쇠줄에 묶여서 맹렬한 불에 태워지고 있었다. 이계는 깜짝 놀랐다. 그런데 그 죽은 조상들은 이 고통 속에서도 이계를 알아보고 울부짖으며 말했다.

"나를 꼭 좀 구해 줄 수 있느냐. 지옥은 너무 고통스러워서 못 살 지경이다."

이계는 정신을 바짝 차리고 말하였다.

"일심으로 지장보살을 부르십시오."

이계는 큰 소리로 말하고는 앞으로 더 나아가서 한 성에 이르니 그 안에는 쇠로 만든 평상이 놓여 있었고, 생전에 서로 알고 지내던 사람의 몸이 검은 숯과 같이 되어 맹렬한 불길 속에서 고초를 받고 있었다. 그에게도 합장하면서 "일심으로 지장보살을 부르십시오." 하고 일러 주었다.

그 다음에 적사(赤砂)지옥이라는 곳에 이르니 칼로 된 나무와 벌겋게 달군 구리쇠 기둥이 몇천 개 있는데, 그 기둥 위에서 죄인들이 고초를 받고 있었다. 그 외에도 황사(黃砂)·백사(白砂)·초사(焦砂) 등 일곱 지옥을 돌아보면서 지장보살을 부르라고 소리쳤다. 함께 가던 사자는 "불법을 불신하고 비방한 자가 이 곳에 떨어지게 됩니다." 하고 일러 주었다.

지옥에서 나와 다시 말을 타고 어디론가 한참을 가서 다른 성 앞에 이르니 그 곳은 앞서 지옥과는 전혀 다른 곳이었다. 어디서인지 옥방울을 굴리는 듯한 소리와 함께 풍악 소리가 은은히 들려 왔고 이름모를 아름다운 나무가 줄지어 서 있었다.

성 한가운데 이르니 대보전(大寶殿)이라고 하는 큰 궁전이 있었다. 그 안에 들어가 보니 이 곳은 궁전이라기보다 오히려 별천지 같았다. 그 곳엔 수많은 남녀들이 한가롭게 즐기고 있었으며, 아름다운 경치와 악기, 기이한 꽃들과 새들이 즐겁게 노래하고 있었다.

이계는 이 곳이 천당이라는 곳인가 하는 생각이 들었다. 자세히 그 안을 돌아다니다 보니 그의 조부모도 계셨으며 그 밖에 이미 돌아가신 친척들도 많이 보였다. 이계는 기쁘기도 하고 이상하기도 하였다. 그는 조금 전까지만 해도 자기 조상들이 분명히 지옥고를 받고 있는 것을 보았는데, 어느 새 여기 와서 이런 복락을 받고 있다니, 이계는 의구심을 저버릴 수가 없었다.

그 곳에 있던 남녀들은 모두 이계를 알아보며 평안한 얼굴로 이계에게 말을 걸어왔다.

"우리가 지옥에 있을 적에 당신이 지장보살을 부르라고 가르쳐 주었으므로 그 덕분에 지장보살을 염불하여 여기까지 오게 되었으니 당신은 참으로 고마운 분입니다."

"그런데 도대체 여기는 어딥니까?"

"여기는 복사(福舍)입니다. 복사는 복받은 집이라는 뜻입니다. 이 곳에 나면 수명도 길고 고통도 없습니다. 여기서 즐겁게 살다가 장차 미륵불께서 출현하시어 3회 설법을 하실 때에 미륵부처님의 법문을 듣고 모두 성불하게 됩니다."

"미륵부처님은 어떻게 만나게 됩니까?"

함께 갔던 사자가 일러 주었다.

"옛날에 부처님께서 지장보살에게 지옥중생을 제도

하도록 당부하셨습니다. 그 때 지장보살님이 부처님께 '부처님 제자들과 사부대중이 결코 악도에 떨어지는 일은 없게 하겠습니다. 미륵불께서 세상에 나오시기 전 56억 7천만 년 사이에 중생이 있어 정토 세계에 태어나거나 도솔천에 태어나기를 원하더라도 그 복이 부족한 자는 이 곳 복사에 나와서 복을 누리면서 미륵부처님이 세상에 출현하실 때까지 그 곳에서 기다리도록 하겠습니다.' 하고 여쭈었기 때문에 만날 수 있습니다."

이계가 지옥과 복사를 두루 돌아보고 나오니 앞서의 관리가 이계를 불러서 다시 인간계로 내려 보냈다.

〈상동〉

지장보살을 조성하고 부인을 천도한 백열

　중국 후주(後周) 때 상서(尙書) 벼슬을 지낸 백열은 삼보를 지극히 공경하였다. 그런데 부인이 아이를 낳다가 그만 세상을 떠났다. 그는 슬픔을 억누르며 부인의 영혼을 천도하기 위하여 지장보살상을 조성하고 정성껏 재를 베풀었더니 수일 후, 꿈에 죽은 부인이 깨끗한 옷을 입고 밝은 얼굴로 백열에게 말하였다.

　"제가 아내 노릇을 다 못하고 죽었는데 저를 위하여 이렇게 공덕을 베풀어 주시니 그 은혜를 이루 다 말할 수 없습니다. 알고 보니 제가 전생에 어떤 사람의 처로 있을 적에 자식을 낳지 못하였습니다. 그 때문에 남편은 항상 자식이 없는 것을 한탄하였습니다. 그것이 하도 마음에 걸려 제가 남편에게 첩을 얻어 준 적이 있었습니다.

그 후 첩은 오래지 않아 아들을 낳았고 남편은 첩을 매우 사랑하였습니다. 저는 그만 질투심이 나서 음식에다 독약을 타 모자를 함께 죽였습니다.

이런 죄업 때문에 제가 무간지옥에 떨어져서 여섯 겁을 지내며 온갖 고초를 겪었습니다. 그리고 다시 인간 세상에 여자로 태어나서 아이를 낳다가 죽기를 57번이나 하였습니다.

이번에 당신을 남편으로 맞아서 또 고통을 받고 죽기는 하였으나 당신이 나를 위하여 지장보살상을 조성하고 착한 인연을 심어 주신 덕분에 저의 죄업이 모두 소멸되어 지옥고를 면하게 되었습니다. 지금은 부처님이 계시는 도리천에 태어나 한량없는 복락을 누리게 되었으니 앞으로 영영 여자 몸을 받지 않을 것입니다. 도리천 선법당에서는 매월 24일에 지장보살님의 법회가 있사온데 거기에는 시방세계의 한량없는 국토에 몸을 나타내시는 지장보살이 상주하고 계십니다.

또 무우수(無憂樹) 나무 밑에서 설법을 자주 하시는데 지장보살은 출가한 스님의 모습을 하고 계시며, 그 몸에는 금빛 광명이 납니다. 이번에 저에 대하여 설법하여 주시기를 '너희들 부부가 나의 상을 조성하여 지성으로 기도하니 너희들은 영영 고통의 세계에서 벗어나리라.'라고 말씀하셨습니다.

당신께서 저를 위하여 재를 올려 주신 덕택으로 이와 같이 악도에서 벗어나 천상에 나게 되었으며 보리심을 발하여 불법을 닦게 되었습니다."

이 말을 들은 백열은 잠이 깬 뒤에도 아내의 모습이 한참이나 머릿속을 떠나지 않았다. 또한 아내가 방 안에 함께 있는 것만 같았다. 그리고 그의 가슴엔 슬픔도 괴로움도 다 사라지고 걷잡을 수 없는 기쁨이 넘쳐 흘렀다.

〈상동〉

지 장 경

제1장 도리천궁의 신통

이와 같이 나는 들었다.

한때 부처님께서 도리천에 계시면서 어머니를 위하여 설법하고 계셨다.

그 때 시방세계의 수많은 부처님과 대보살마하살들이 모여, 석가모니 부처님이 오탁악세(五濁惡世)에 능히 불가사의한 대지혜와 신통력으로 조복하기 어려운 중생들을 다스리고, 괴롭고 즐거운 법을 알게 하심을 찬탄하고, 각각 사람을 보내어 세존께 문안을 여쭈었다.

이 때 여래께서 웃음을 머금고 백천만억의 큰 광명

의 구름을 놓으셨다.

이른바 그것은 대원만광명을 나타내는 진리의 구름이며, 대지혜광명을 나타내는 진리의 구름이며, 대반야광명을 나타내는 진리의 구름이며, 대삼매광명을 나타내는 진리의 구름이며, 대길상광명을 나타내는 진리의 구름이며, 대복덕광명을 나타내는 진리의 구름이며, 대공덕광명을 나타내는 진리의 구름이며, 대귀의광명을 나타내는 진리의 구름이며, 대찬탄광명을 나타내는 진리의 구름이었다.

이와 같이 가히 말로 표현할 수 없는 광명의 구름을 놓으시고 또 여러 가지 미묘한 음악 소리를 내셨다.

그것은 이른바 보시바라밀(布施波羅蜜)의 음악이며, 지계바라밀(持戒波羅蜜)의 음악이며, 인욕바라밀(忍辱波羅蜜)의 음악이며, 정진바라밀(精進波羅蜜)의 음악이며, 선정바라밀(禪定波羅蜜)의 음악이며, 반야바라밀(般若波羅蜜)의 음악이며, 자비의 음악, 영원한 헌신과 영원한 버림의 음악, 해탈의 음악, 번뇌가 다한 음악, 대지혜의 음악, 사자후의 음악, 대사자후의 음악, 큰 구름과 번개의 음악이었다.

이와 같이 가히 말로 설할 수 없는 음악 소리를 내어 마치시니 사바세계와 여러 국토에 있는 무량억의 천룡귀신들도 모두 도리천궁에 모여들었다.

그들은 이른바 사천왕천(四天王天), 도리천(忉利天), 수염마천(須焰摩天), 도솔타천(兜率陀天), 화락천(化樂天), 타화자재천(他化自在天), 범중천(梵衆天), 범보천(梵輔天), 대범천(大梵天), 소광천(少光天), 무량광천(無量光天), 광음천(光音天), 소정천(少淨天), 무량정천(無量淨天), 변정천(遍淨天), 복생천(福生天), 복애천(福愛天), 광과천(廣果天), 엄식천(嚴飾天), 무량엄식천(無量嚴飾天), 엄식과실천(嚴飾果實天), 무상천(無想天), 무번천(無煩天), 무열천(無熱天), 선견천(善見天), 선현천(善現天), 색구경천(色究竟天), 마혜수라천(摩醯首羅天)이었으며 비상비비상천(非想非非想天), 용중(龍衆), 귀신들의 무리가 모두 법회에 모였다.

다시 타방국토와 사바세계의 해신(海神), 강신(江神), 하신(河神), 수신(樹神), 산신(山神), 지신(地神), 천택신(川澤神), 묘가신(苗稼神), 주신(晝神), 야신(夜神), 공신(空神), 천신(天神), 음식신(飮食神), 초목신(草木神) 등과 같은 여러 신들도 모두 법회에 모였다.

다시 또한 타방국토와 사바세계의 여러 큰 귀왕(鬼王)이 있었으니 이른바 악목귀왕(惡目鬼王), 담혈귀왕(噉血鬼王), 담정기귀왕(噉精氣鬼王), 담태란귀왕(噉胎卵鬼王), 행병귀왕(行病鬼王), 섭독귀왕(攝毒鬼王), 자심귀왕(慈心鬼王), 복리귀왕(福利鬼王), 대애경귀왕(大愛敬鬼王) 등과 같은 여러 귀왕들도 모두 법회에 모였다.

그 때 석가모니 부처님께서 문수사리법왕자보살마하살(文殊舍利法王子菩薩摩訶薩)에게 말씀하셨다.

"그대는 이 모든 제불보살과 천룡귀신을 보았는가? 그대는 이 세계와 저 세계, 이 국토와 저 국토에서 이곳 도리천에 모인 자들의 수를 알겠는가?"

문수사리가 부처님께 말씀드렸다.

"세존이시여, 설사 저의 신통력으로 천 겁을 두고 헤아린다고 하더라도 능히 알 수 없나이다."

부처님께서 문수사리에게 말씀하셨다.

"나의 불안(佛眼)으로 헤아려도 오히려 그 수를 다 헤아리지 못할 것이니, 이는 모두 지장보살(地藏菩薩)이 오랜 겁에 걸쳐서 제도하였으며 지금도 제도하며 미래에도 제도할 것이니라. 또한 이미 성취케 하였으며, 지금도 성취케 하고 미래에도 성취케 할 것이니라."

문수사리가 부처님께 말씀드렸다.

"세존이시여, 저는 과거에 오랫동안 선근(善根)을 닦아서 걸림이 없는 지혜를 얻었습니다. 그래서 부처님께서 말씀하신 바를 듣고 곧바로 믿고 받들 수 있었습니다. 그러나 소승성문과 천룡팔부(天龍八部)와 미래세의 모든 중생들은, 비록 여래의 진실한 말씀을 듣고서도 반드시 의혹을 품거나, 설사 가르침을 받들어 지닌다고 할지라도 때로는 비방할 것입니다.

오직 원하옵건대 부처님께서는 지장보살마하살이 수행시에 어떠한 행을 닦았으며, 어떠한 원력을 세웠기에 능히 이와 같은 불가사의한 일을 성취하였는지에 대하여 널리 설하여 주옵소서."

부처님께서 문수사리에게 말씀하셨다.

"비유컨대 저 삼천대천세계(三千大千世界)에 있는 초목과 벼, 삼대, 대나무, 갈대와 산의 돌과 먼지를 낱낱이 세어서 그 수만큼의 항하사(恒河沙)가 있고 또 그 가운데 한 항하의 모래수만큼의 세계가 있다.

그리고 한 모래알로 한 세계를 삼고, 한 세계에 있는 한 티끌로 한 겁을 삼고, 한 겁 안에 있는 티끌수를 모두 채워서 한 겁을 삼더라도, 지장보살이 십지과위(十地果位)를 증득한 이래 교화한 중생의 수는 오히려 천 배나 더 많다. 하물며 지장보살이 성문, 벽지불로 있을 때의 일이야 더 들어 무엇하리오?

문수사리여, 이 보살의 위신력과 서원은 불가사의하나니 만약 미래세의 어떤 선남자, 선여인이 이 보살의 이름을 듣고 혹 찬탄하거나 혹은 우러러 예배하거나 혹은 그 이름을 외우거나 혹은 공양하거나 혹은 그 형상을 채색하여 새기면 이 사람은 마땅히 백 번을 삼십삼천에 날 것이며 영원히 악도(惡道)에 떨어지지 않을 것이니라.

문수사리여, 이 지장보살은 저 말할 수 없이 오랜 겁 이전에 한 장자(長者)의 아들로 태어났었다.

그 때 한 부처님이 계셨으니 그 부처님의 이름은 사자분신구족만행여래이셨다. 장자의 아들은 부처님의 상호가 천 가지 복으로 장엄되어 있음을 보고 곧 그 부처님께 여쭈었다.

'어떤 수행과 원력을 갖추어야만 이와 같은 상호(相好)를 얻을 수 있습니까?'

그 때에 사자분신구족만행여래는 장자의 아들에게 이렇게 말했다.

'이와 같은 몸을 증득하기 위해서는 오랫동안 고통받고 있는 중생들에게 마땅히 그 고통에서 벗어나게

해 주어야 하느니라.'

문수사리여, 이 말씀을 들은 장자의 아들은 서원을 발하되 '나는 지금부터 미래세에 가히 헤아릴 수 없는 겁이 지나도록 죄업으로 고통받고 있는 육도중생(六道衆生)들을 위하여, 모든 방편을 사용하여 그들을 모두 해탈케 하고서야 비로소 나 자신도 불도를 이루리라.' 하였다.

그 부처님 앞에 이와 같은 큰 서원을 세웠으니 그로부터 지금까지 백천만억 나유타(那由陀) 불가설겁 동안 항상 보살행을 닦았느니라.

또한 헤아릴 수 없는 과거 아승지겁(阿僧祇劫)에 한 부처님이 계셨으니 그 명호는 각화정자재왕여래였다.

그 부처님의 수명은 사백천만억 아승지겁이니라.

그 부처님의 법이 전해지던 상법(像法)의 시기에 한 바라문의 딸이 있었으니, 여러 생애 동안 닦은 복이 깊고 두터워서 대중의 존경과 사랑을 받았으며 가고, 머물며, 앉고 누울 때 여러 하늘 신들이 돕고 지켰다.

그러나 그녀의 어머니는 항상 삼보를 가벼이 여겼다. 그 때 이 성녀(聖女)는 널리 방편을 베풀어 어머니에게 비유로써 권하여 바른 견해를 내도록 하였으나, 마침내 믿음을 일으키지 못하고 오래지 않아 목숨을 마치게 되니 그는 무간지옥(無間地獄)에 떨어지고 말았다.

 그 때 바라문의 딸은 모친이 생전에도 인과를 믿지 않았으므로, 어머니는 업에 따라 반드시 악도(惡道)에 떨어졌음을 알고, 드디어 집을 팔아 널리 향과 꽃 등의 여러 가지 공양구를 갖추어 부처님을 모신 탑사(塔寺)에 나아가 지극한 공양을 올렸다.

 그녀는 각화정자재왕여래의 상호가 그 절에 모셔진 불상과 벽화 중에서도 으뜸가는 위용인 것을 보고 홀로 우러러보며 말했다.

 '부처님은 대각(大覺)이시니 일체 지혜를 갖추고 계십니다. 만약 부처님께서 세상에 계셨더라면 돌아가신 우리 어머니가 어디로 가셨는지 여쭈어 알 수 있었을

것을……'

바라문의 딸은 오랫동안 부처님을 우러러보며 흐느껴 울었다.

그 때 문득 하늘에서 소리가 들려왔다.

'성녀여, 슬퍼하지 말라. 내가 이제 그대의 어머니가 간 곳을 일러 주리라.'

바라문의 딸은 허공을 향하여 합장하고 말했다.

'어느 신덕(神德)이시기에 저의 근심을 살피시옵니까? 저는 어머니가 돌아가신 이래로 어머니가 나신 곳을 밤낮으로 생각하고 있었습니다.'

그 때 공중에서 말했다.

'나는 그대가 바라보고 있는 과거의 각화정여래이니라. 그대가 어머니를 생각하는 것이 다른 중생의 생각보다 배나 더하므로 일러 주느니라.'

바라문의 딸은 이 말씀을 듣고 스스로 몸을 부딪쳐 팔다리가 모두 상하였다. 좌우에서 사람들이 부축하여 돌보아 한참만에 소생한 후 다시 공중을 향하여 말했다.

'바라옵건대 부처님께서는 자비로써 저를 불쌍히 여기시어 저희 어머니가 나신 곳을 속히 일러 주옵소서. 저는 오래지 않아 곧 죽을 듯 합니다.'

그 때 각화정자재왕여래가 성녀에게 말씀하셨다.

'그대는 공양을 마치고 일찍 집으로 돌아가서 단정히 앉아 나의 명호를 생각하면 곧 그대의 어머니가 난 곳을 알게 되리라.'

바라문의 딸은 부처님께 예배하기를 마치고 집으로 돌아와, 어머니를 생각하며 단정히 앉아 각화정자재왕여래의 명호를 외우며, 하룻밤 하룻낮을 보낸 후, 자신이 홀연히 어느 바닷가에 있음을 알게 되었다.

그 바다를 보니 물이 펄펄 끓고 있었으며 온몸이 쇠로 덮인 여러 악한 짐승들이 바다 위를 날아다니기도 하고 동서로 마구 달리고 있었다.

또한 백천만 명의 남자와 여자들이 물 속에서 허우적거리다가 사나운 짐승들에게 잡아먹히고 있었다. 또 야차(夜叉)들이 있었는데 그 생김새가 각각 달랐다. 손과 발이 많고 여러 개의 눈을 가졌으며 입 밖으로 튀어나온 어금니는 날카로운 칼날 같았다.

이들은 뭇 죄인들을 몰아다가 사나운 짐승에게 죽임을 당하게 하고 또 사람들을 거칠게 움켜잡아 머리와 발을 서로 엮어 괴롭게 하는 모습은 수천 가지나 되어 차마 눈 뜨고 볼 수 없었다.

그러나 바라문의 딸은 부처님을 생각하는 마음으로 두려워함이 없었다.

여기에 무독(無毒)이라는 귀왕(鬼王)이 있어서 머리를 숙여 그녀를 맞으며 말했다.

'보살이시여, 무슨 일로 이 곳에 오셨습니까?'

바라문의 딸이 귀왕에게 물었다.

'이 곳은 어느 곳입니까?'

무독귀왕이 말했다.

'이 곳은 대철위산(大鐵圍山) 서쪽의 첫번째 바다입니다.'

성녀가 다시 물었다.

'내가 듣건대 철위산 속에 지옥이 있다고 하는데 그것이 사실입니까?'

'실로 지옥이 이 곳에 있습니다.'

'그렇다면 내가 어떻게 지옥이 있는 곳에 와 있습니까?'

'부처님의 위신력이 아니라면 업력에 의한 것입니다. 이 두 가지 힘이 아니면 이 곳에 올 수가 없습니다.'

성녀가 다시 물었다.

'이 물은 무슨 이유로 끓어오르며 어찌해서 죄인과 사나운 짐승들이 이렇게 많습니까?'

무독귀왕이 대답했다.

'이들은 남염부제(南閻浮提)에서 여러 가지 악업을 지은 중생들입니다. 죽은 지 49일이 지나도록 죽은 자를 위해서 공덕을 베풀고 고난에서 벗어나게 해 주는 이가 한 사람도 없고, 살아 있을 때에도 착한 일을 한 적이 없어서 그 업에 따라서 지옥에 가야 합니다.

지옥에 가는 중생들은 먼저 자연히 이 바다를 건너가야 합니다. 이 바다의 동쪽으로 십만 유순(由旬)을 지나면 또 바다가 있습니다. 그 곳의 고통은 이 곳의 배가 되며 그 바다의 동쪽에 또 바다가 있으니 그 곳의 고통도 다시 이 곳의 다섯 배나 됩니다. 이 고통은 삼업(三業)으로 인해 받는 과보이므로 이 곳을 일러 업의 바다라고 합니다.'

성녀가 무독귀왕에게 다시 물었다.

'지옥은 어디에 있습니까?'

'이 세 바다 안이 모두 지옥입니다. 그 지옥의 종류는 백천 가지이지만 큰 지옥은 열여덟 곳이며 다음으로 오백 곳의 지옥이 있는데 그 고통은 한량없습니다.'

'나의 어머니는 돌아가신 지 얼마 되지 않았습니다만, 혹 어느 곳에 갔는지 알 수 없습니까?'

'보살의 어머니는 세상에 있을 때 어떤 행업을 지으셨습니까?'

'어머니는 바르지 못한 생각으로써 삼보를 비방하였고 또 설령 믿었다고 하더라도 잠깐 믿고 곧 공경치 않았습니다. 돌아가신 지 며칠이 안 되었으니 태어나신 곳을 알 수 없습니까?'

'보살의 어머니 성씨는 무엇입니까?'

'저의 부모는 두 분 모두 바라문(婆羅門)의 후손으로서 아버지의 이름은 시라선견(尸羅善見)이며 어머니의 이름은 열제리(悅帝利)입니다.'

무독귀왕은 합장하고 보살에게 말했다.

'바라건대 보살은 슬퍼하거나 염려하지 마시고 집으로 돌아가소서. 죄업을 지은 열제리부인이 천상에 난 지 이제 사흘이 되었습니다. 효순을 행하는 딸이 어머니를 위하여 각화정자재왕여래의 탑사에 공양하고 복을 닦은 공덕으로, 보살의 어머니뿐만이 아니라 그날 이 무간지옥에 있던 죄인들도 모두 함께 천상에 태어나 즐거움을 누리고 있습니다.'

무독귀왕은 말을 마치고 합장하며 물러갔다.

바라문의 딸은 꿈인 듯 집으로 돌아와 이 일을 깨닫고 각화정자재왕여래의 탑사에 나아가 큰 서원을 세웠다.

'원하옵건대 저는 미래겁이 다하도록 죄업으로 고통받는 중생들이 있으면 널리 방편을 베풀어 제도하겠습니다.'"

부처님께서 문수사리에게 말씀하셨다.

"그 때 무독귀왕은 지금의 재수보살(財首菩薩)이며, 바라문의 딸은 바로 지장보살이었느니라."

제2장 분신의 모임

 그 때 가히 셀 수도 생각할 수도 헤아릴 수도 없는 한량없는 아승지세계의, 모든 지옥에 있던 지장보살의 분신(分身)들이 도리천궁으로 모여들었다.

 또한 여래의 위신력으로 각각의 방면에서 여러 가지 해탈을 얻어 생사의 수레바퀴에서 벗어난 수많은 자들도 모두 꽃과 향을 가지고 와서 부처님께 공양드렸다.

 이와 같이 함께 모인 무리들은 모두 지장보살의 교화를 받아 아뇩다라삼먁삼보리에서 영원히 물러나지 않게 된 중생들이었다.

이들은 저 멀고 먼 과거세로부터 생사의 물결 속에서 표류하면서 6도(六道)의 고통을 받으면서 잠시도 쉬지 못하다가 지장보살의 광대한 자비와 깊은 서원으로 각각 도과(道果)를 얻었으며 도리천에 태어나게 되었다. 이들은 매우 기쁜 마음으로 부처님을 우러러 보며 잠시도 한눈을 팔지 않았다.

그 때 부처님께서 금빛 팔을 펴서 가히 생각할 수도 셀 수도 헤아릴 수도 없는 수많은 아승지세계에 있는 모든 지장보살의 화신의 이마를 어루만지시며 말씀하셨다.

"내가 오탁악세의 마음이 거친 중생들을 교화하여 그 마음을 다스려 그릇된 견해를 버리고 바른 길로 돌아오게 하였지만 열에 한둘은 아직도 악습에 젖어 있다.

이에 나는 몸을 천백억으로 나투어 널리 방편을 베푸나니 혹 근기(根機, 능력)가 날카로운 자는 들으면 곧 믿고 지니며, 혹 선근을 지닌 자는 부지런히 권하여 성취케 하고, 혹 미혹한 자가 있으면 오랫동안 교화하여 귀의하게 하며, 혹 업장이 무거운 자는 우러러 공경하지 않는다.

이와 같이 중생들의 근기가 각각 차별이 있으므로 몸을 나누어 제도하되, 때로는 남자 몸을 나타내고, 때로는 여자 몸을 나타내며, 때로는 용의 몸을 나타내며, 귀신도 되고 산과 숲, 내, 강, 연못, 샘, 우물로 나타나 여러 중생을 이익케 한다.

이와 같이 제도하여 모두 해탈케 하며 혹은 제석(帝釋)의 몸을 나타내며, 혹은 범천(梵天)의 몸을 나타내며, 혹은 전륜왕(轉輪王)의 몸을 나타내며, 혹은 거사(居士)의 몸을 나타내며, 혹은 국왕(國王)의 몸을 나타낸다. 혹은 제보(帝輔)의 몸을 나타내며, 혹은 관속(官屬)의 몸을 나타내며, 혹은 비구(比丘), 비구니(比丘尼), 우바새(優婆塞), 우바이(優婆夷)의 몸을 나타내며, 혹은 성문(聲聞), 나한(羅漢), 벽지불(辟支佛), 보살 등의 몸을 나타내어 교화하여 제도하나니, 단지 부처의 몸으로만이 그 몸을 나타내는 것이 아니니라.

그대들이 보는 바와 같이 내가 여러 겁에 걸쳐서 이와 같은 수고로움을 마다하지 않고 죄업중생들을 제도하였으나, 아직도 거친 마음을 가지고 있는 제도되지 않는 중생들이 있다.

 만약 그 죄업에 의해 악도에 떨어져서 큰 고통을 받게 된 것을 보게 되거든, 그대들은 마땅히 내가 이 도리천궁에서 은근히 부촉한 것을 생각하여, 사바세계에 미륵불이 나타나실 때까지 모든 중생을 다 해탈케 하여 모든 괴로움에서 영원히 벗어나게 하고 부처님의 수기(授記)를 받도록 할지니라."

 그 때 여러 세계에서 온 지장보살의 화신들이 다시 한몸이 되어 슬피 울면서 부처님께 아뢰었다.

 "저는 먼 과거세로부터 부처님께서 인도하심에 의해 불가사의한 위신력을 얻고 대지혜를 갖추게 되었습니다. 제가 저의 분신으로 하여금 백천만억 항하사 세계에 두루 다니게 하여 한 세계마다 백천만억의 중생들을 제도하여 삼보께 귀의하도록 하며 나고 죽는 고통에서 영원히 벗어나게 하여 열반의 즐거움을 얻게 하겠습니다.

불법 가운데서 착한 일을 하되 하나의 터럭, 한 개의 물방울, 한 개의 티끌, 한 개의 머리카락에 이르기까지 제가 점차 제도하여 마침내 큰 이익을 얻도록 하겠습니다. 바라옵나니 부처님께서는 후세의 악업중생들을 걱정하지 마옵소서."

이와 같이 세 번을 거듭 부처님께 말씀드렸다.

그 때 부처님께서 지장보살을 찬탄하시며 말씀하셨다.

"참으로 훌륭하도다. 내가 그대의 기쁨을 도우리라. 그대가 오랜 과거의 겁 동안에 세운 서원을 능히 성취하여 장차 중생을 널리 제도하고 마침내 깨달음을 이루리라."

제3장 중생의 업연

그 때 부처님의 어머니 마야부인(摩耶夫人)이 공경하는 마음으로 합장하면서 지장보살에게 여쭈었다.

"성자여, 염부제의 중생들이 짓는 업의 차별과 받게 되는 과보는 어떠하옵니까?"

지장보살이 대답했다.

"모든 국토에는 혹 지옥이 있기도 하고, 없기도 하며, 혹 여자가 있기도 하고, 여자가 없기도 합니다. 또 성문, 벽지불도 그렇습니다. 혹 있기도 하고 없기도 하니 지옥의 죄업도 단지 하나뿐인 것은 아닙니다."

마야부인이 거듭 말했다.

"사바세계에서 죄업의 과보로 나쁜 곳에 떨어져 과보를 받는 것을 듣고 싶습니다."

지장보살이 대답했다.

"성모(聖母)시여, 제가 대강 말씀드리겠습니다."

"원하옵나니, 성자여 말씀하소서."

지장보살이 마야부인에게 말했다.

"사바세계의 죄업을 말씀드리면 이와 같습니다.

만일 어떤 중생이 부모에게 불효하고 혹은 살해까지 하였다면 무간지옥에 떨어져 천만 겁이 지나도록 벗어날 기약이 없습니다.

만약 어떤 중생이 부처님의 몸에 피를 내거나, 삼보를 헐뜯고 비방하며 경전을 존경하지 않으면, 이런 무리들도 역시 무간지옥에 떨어져 벗어날 기약이 없습니다.

만약 어떤 중생이 절의 재산에 손해를 입히거나 비구, 비구니를 더럽히거나, 혹은 절간에서 방자하게 음욕을 행하거나 죽이고 해치면 이런 무리들 또한 무간지옥에 떨어져 벗어날 기약이 없습니다.

만일 어떤 중생이 마음은 사문(沙門)이 아니면서 거짓으로 사문이 되어 삼보의 재산을 함부로 쓰고 신도들을 속이며 계율을 어기며 온갖 악행을 범한다면 이런 무리들도 무간지옥에 떨어져 벗어날 기약이 없습니다.

만약 어떤 중생이 절의 재물을 도둑질하여 재물이나 곡식, 의복을 갖는 무리들도 무간지옥에 떨어져 벗어날 기약이 없습니다.

성모시여, 만일 어떤 중생이 이와 같은 죄를 지으면 마땅히 오무간지옥(五無間地獄)에 떨어져 잠깐만이라도 고통이 멈추어지기를 원해도 그 뜻을 이룰 수가 없습니다."

마야부인이 지장보살에게 여쭈었다.

"어떤 곳을 일러 무간지옥이라고 하옵니까?"

지장보살이 말했다.

"성모시여, 모든 지옥은 대철위산(大鐵圍山) 속에 있

고 대지옥은 열여덟 곳이 있으며, 그 다음으로는 오백 곳이 있으되 그 이름은 각각 다릅니다.

다음으로 천백 곳이 있으되 그 이름은 각각 다르며 무간지옥은 그 지옥의 성 주위가 팔만여 리이며, 그 성은 순전히 철로 되어 있습니다. 그 높이는 일만 리이며, 성 위에는 불덩어리가 잠시도 쉬지 않고 이글거리고 있사오며 그 지옥성 안으로는 여러 지옥이 서로 이어져 있는데 그 이름이 각각 다릅니다.

이 곳에 한 지옥이 있어서 이름이 무간 지옥이니 이 지옥의 둘레는 일만팔천 리요, 그 높이는 일천 리이며 모두 쇠로 둘러쳐져 있고 불이 위에서 아래로 쏟아져 내려오고 아래서 위로 솟구쳐 올라가며, 쇠로 된 뱀과 개가 불을 토하면서 담장 위를 동서로 내달립니다.

지옥의 한가운데에는 넓이가 만 리나 되는 평상이 있는데, 한 사람이 죄를 받아도 자신의 몸이 그 큰 평상에 가득한 것을 보게 되고, 천만 사람이 죄를 받아도 역시 각자의 몸이 평상에 가득 찬 것을 보게 됩니다.

이는 여러 가지 죄업으로서 이와 같은 과보를 받게 되는 것입니다.

또 모든 죄인이 갖가지 고통을 고루 받는데, 천백 야차와 사나운 귀신들이 있어서 어금니는 칼날 같고, 눈은 번갯불 같으며, 손에는 구리쇠 손톱이 있어서 창자를 끄집어 내어 토막토막 자릅니다.

또 어떤 야차는 큰 쇠창으로 죄인의 몸을 찌르는데 혹은 입과 코를 찌르기도 하며, 배와 등을 찔렀다가 공중에 내던져서 다시 받아서 평상 위에 올려놓기도 합니다.

또 쇠로 된 매는 죄인의 눈을 쪼며 쇠로 된 뱀은 죄인의 몸을 감아 조이고, 긴 못을 몸에다 박기도 하며, 혀를 빼서 밭을 갈 때 죄인이 끌게 하고, 구리쇳물을 입에 붓고 뜨거운 쇠로 몸을 감아서 하루 동안에 만 번 죽었다가 다시 만 번 살아나게 됩니다.

업의 과보가 이와 같아서 억 겁을 지나도 벗어날 기약이 없습니다. 또 이 세계가 무너질 때에는 다른 세계의 지옥으로 옮기고, 다른 세계가 무너지면 또 다시 다른 세계의 지옥으로 옮겼다가, 이 세계가 또 이루어지면 다시 돌아옵니다. 무간지옥의 죄보는 이와 같습니다.

이와 같이 하여 다섯 가지로 죄업의 과보를 받으므로 오무간지옥이라고 합니다.

첫째는 밤낮으로 죄를 받아 세월이 다하도록 끝나지 않으므로 무간이라고 이름합니다.

둘째는 한 사람의 죄인이라도 그 지옥이 가득차고 많은 죄인이 있더라도 그 지옥이 가득차므로 무간이라고 이름합니다.

셋째는 죄를 받는 기구로써 쇠몽둥이, 매, 뱀, 늑대, 개, 맷돌, 톱, 도끼, 끓는 가마, 쇠그물, 쇠사슬, 쇠나귀, 쇠말 등이 있으며 생가죽으로 머리를 조르고, 뜨거운 쇳물을 몸에 부으며 배고프면 뜨거운 쇠구슬을 먹고, 목마르면 뜨거운 쇳물을 마시면서 해가 가고 한량없는 겁이 다하도록 고통이 끊임없으므로 무간이라고 이름합니다.

 넷째는 남자와 여자, 오랑캐, 늙은이와 젊은이, 귀한 이와 천한 이, 귀신, 하늘, 사람을 가리지 않고 죄를 지으면 그 업에 따라서 과보를 받는 것이 모두 평등하므로 무간이라고 이름합니다.

 다섯째는 만일 이 지옥에 한 번 떨어지면 처음 들어갈 때부터 백천 겁에 이르도록 하룻낮 하룻밤 동안에 만 번 죽고 만 번 살아서 잠시라도 멈춤이 없으며 악업이 다 소멸해야만 비로소 다른 곳에 태어나게 됩니다.

 이와 같은 고통이 계속 끊이지 않으므로 무간이라고 이름하는 것입니다. 또한 형벌의 기구와 모든 고통을 주는 벌에 대해서는 한 겁 동안이라도 다 말씀드릴 수 없습니다."

 마야부인은 이 말을 듣고 근심과 슬픔에 차서 합장하고 예배하며 돌아갔다.

제4장 중생이 받는 업보

그 때 지장보살이 부처님께 말씀드렸다.

"부처님이시여, 제가 부처님의 위신력을 입어 백천만억의 세계에 두루 이 몸을 나타내어 모든 업보중생을 구제하고 있습니다. 만일 부처님의 대자비력이 아니었다면 곧 이와 같은 변화를 부리지 못할 것입니다. 제가 이제 부처님의 부촉하신 바를 받사와 미륵부처님이 성불하실 때까지 육도중생을 모두 해탈케 하겠습니다. 바라옵건대 부처님께서는 염려하지 마십시오."

부처님께서 지장보살에게 말씀하셨다.

"일체중생이 해탈을 얻지 못하는 것은 뜻과 성품이 정해진 것이 없어서 나쁜 습관으로 업을 맺고, 착한 습관으로 결과를 맺으므로 착하기도 하고, 혹은 악하기도 하여 그 결과에 따라서 태어나게 된다. 그와 같이 육도를 윤회하여 잠시도 쉼이 없다.

또한 티끌같이 수많은 겁이 지나도록 미혹하여 마치 그물 속에 갇힌 고기가 그물 안의 물이 흐르는 물인 줄 착각하며 잠시 벗어났다가 다시 그물에 걸리는 것과 같다.

이와 같은 중생들을 내가 근심하였는데 그대가 이미 과거의 수많은 겁 동안의 서원을 실천하여 죄업중생들을 제도하겠다고 하니 내가 다시 무엇을 염려하겠는가?"

그 때 자리에 있던 정자재왕보살이 부처님께 말씀드렸다.

"부처님이시여, 지장보살은 여러 겁을 지나오면서 어떠한 서원을 세웠기에 이와 같이 부처님의 칭찬을 받습니까? 바라옵건대 부처님께서 설하여 주옵소서."

그 때 부처님께서 정자재왕보살에게 말씀하셨다.

"자세히 듣고 잘 생각할지어다. 내가 그대를 위하여 분별하여 설하리라. 저 과거의 헤아릴 수 없는 무량아승지겁 이전의 일이니라.

그 때 한 부처님이 계셨으니 그 이름은 일체지성취(一切智成就), 여래(如來), 응공(應供), 정변지(正遍智), 명행족(明行足), 선서(善逝), 세간해(世間解), 무상사(無上師), 조어장부(調御丈夫), 천인사(天人師), 불(佛), 세존(世尊)이셨으며 수명은 6만 겁이었다. 이 부처님이 출가하기 전에는 작은 나라의 왕이 되어 이웃 나라 왕과 더불어 벗이 되어 함께 십선(十善)을 행하여 널리 중생들을 이롭게 하였다.

그러나 그 이웃 나라 백성들이 여러 가지 악한 일을 행해서 두 왕은 널리 선한 방편을 베풀 것을 의논하였다.

한 왕은 이와 같이 발원하였다.

'내가 어서 깨달음을 이루어 이러한 무리들을 남김없이 제도하리라.'

또 한 왕은 이렇게 발원하였다.

'만일 죄 받는 중생이 있으면 먼저 제도하여 그들로 하여금 편안케 하고, 깨달음을 이루지 못하면 마침내 홀로 성불하기를 원하지 않겠노라.'"

부처님께서 정자재왕보살에게 계속 말씀하셨다.

"먼저 성불하기를 발원한 왕은 곧 일체지여래였으며, 죄업중생을 영원히 제도하고 성불하기를 원하지 않았던 왕은 바로 지장보살이니라.

또 한량없는 과거의 아승지겁에 한 부처님이 세상에 나타나셨으니 그 부처님의 이름은 청정연화목여래이시고 수명은 40겁이셨다.

그 부처님의 상법(像法)시대에, 한 나한이 있어 복을 베푸는 것으로써 중생을 제도하였다. 인연에 따라 중생들을 교화하다가 광목(廣目)이라는 한 여자를 만났더니 음식을 대접하기에 나한이 물었다.

'그대는 무엇을 원하는가?'

'저는 어머니가 돌아가신 날을 기하여 명복을 빌어 구해드리려고 하지만 어머니가 어느 곳에 태어났는지 알지 못합니다.'

나한이 불쌍히 여기고 선정바라밀에 들어 광목의 어머니가 간 곳을 알아 보니 지옥에 떨어져 모진 고통을 받고 있었다.

나한은 광목에게 물었다.

'그대의 어머니는 세상에 있을 때 어떤 업을 지었는가? 지금 그대의 어머니는 지옥에 떨어져 고통을 받고 있느니라.'

'제 어머니는 습성이 물고기와 자라 같은 것을 즐겨 먹었으며 그 중에서도 고기알 같은 것을 즐겨 먹었습니다. 때로는 구워 먹고, 때로는 쪄서 마음껏 먹었으니 그 수는 천만 마리는 더 될 것입니다. 존자께서는 불쌍히 여기셔서 제 어머니를 제도하여 주십시오.'

나한은 광목을 가엾게 여기고 다음과 같이 일러 주

었다.

'그대는 지극한 정성으로 청정연화목여래를 생각하고 그 부처님의 형상을 그려서 모시면 산 사람이나 죽은 사람이나 모두 좋은 과보를 얻게 되리라.'

광목은 나한의 말을 듣고 곧 아끼는 물건을 바쳐서 불상을 그려 모시고 공양을 올리며 더욱 공경하는 마음으로 우러러 예배하였다. 문득 새벽녘 꿈에 부처님을 뵈오니 금빛이 찬란하기가 마치 수미산과 같았다.

그 부처님께서 광목에게 이르셨다.

'너의 어머니가 오래지 않아 너의 집에 태어나리니 배고픔과 추위를 겨우 느낄 만하면 곧 말을 할 것이니라.'

과연 얼마 뒤 광목의 집에 있는 하녀가 자식을 낳으니 사흘이 못 되어 머리를 숙여 슬피 울면서 광목에게 말했다.

'나고 죽는 업연의 과보는 스스로 받기 마련이다. 나는 너의 어미이다. 오래 어두운 곳에 있었다. 너와 이

별한 뒤 여러 번 큰 지옥에 떨어졌다가 이제 너의 복력을 입어 미천한 사람의 몸으로 태어났으나 단명하여 나이 열세 살이 되면 죽어서 다시 악도에 떨어질 것이다. 네가 나의 업보를 벗어나게 할 방법은 없느냐?'

광목은 이 말을 듣고 슬피 울면서 자기 어머니임을 의심치 않고 하녀의 자식에게 말했다.

'당신께서 저의 어머니시라면 스스로 지은 죄를 이미 아시지 않습니까? 어떤 업을 지으셨길래 악도에 떨어지셨습니까?'

'살생의 악업과 삼보를 비방한 업을 지어 악도에 떨어지는 과보를 받았다. 만일 네가 복을 지어 나를 고난에서 구제해 주지 않았더라면 나는 이와 같은 업에서 도저히 벗어날 수 없었을 것이다.'

광목은 다시 물었다.

'지옥에서 받던 죄의 과보는 어떠했습니까?'

'지옥에서 받던 죄의 과보는 차마 말로 할 수 없다.

백천 년을 두고 말하더라도 다 말할 수 없을 것이다.'

광목은 이 말을 듣고 눈물을 흘리며 허공을 향해 말했다.

'원하옵나니 나의 어머니를 지옥에서 영원히 벗어나게 해 주소서. 열세 살에 목숨을 마치고는 다시 무거운 죄보로 악도에 들어가지 않게 하옵소서.

시방에 계신 모든 부처님이시여, 자비로써 저를 불쌍히 여기시고 제가 어머니를 위하여 일으키는 큰 서원을 들어 주옵소서. 만일 어머니가 삼악도(三惡道)와 미천한 신분과 여인의 몸까지 버리고 영겁이 지나도록 죄의 과보에서 벗어나게 해 주신다면, 제가 청정연화목여래의 상 앞에서 맹세하겠습니다.

오늘부터 무수한 세계의 지옥과 삼악도에서 고통받고 있는 모든 중생들을 맹세코 제도하여 지옥, 축생, 아귀의 몸에서 영원히 벗어나게 하며, 이와 같은 무리들을 모두 다 성불하게 한 뒤에 제가 비로소 올바른 깨달음을 얻도록 하겠습니다.'

광목이 이와 같은 서원을 발하자 청정연화목여래께서 감응하여 말씀하셨다.

'광목이여, 그대가 큰 자비로 어머니를 위하여 이렇게 큰 서원을 세웠구나. 내가 보건대 그대의 어머니는 열세 살이 되면 이 과보를 버리고 바라문으로 태어나서 백 세까지 살 것이다. 그 후에는 근심이 없는 국토에 태어나서 헤아릴 수 없는 겁을 살다가 불과(佛果)를 이루고 항하사의 모래알 같은 수많은 인간과 천상의 중생들을 널리 제도하리라.'"

석가모니 부처님께서 정자재왕보살에게 다시 말씀하셨다.

"그 때 광목을 복으로써 인도한 나한은 바로 무진의 보살이며, 광목의 어머니는 곧 해탈보살이며 딸이 되었던 광목은 곧 지장보살이다.

과거의 오랜 겁을 지나오는 동안 지장보살은 이토록 자비로써 불쌍히 여기고 항하사의 모래알과 같은 많은 서원을 세우고 중생들을 널리 제도하였다.

앞으로 오는 세상에 만일 남자나 여자로서 착한 일을 하지 않는 자, 악한 일을 하는 자, 인과를 믿지 않는 자, 사음, 거짓말, 이간질하고 악담하는 자, 대승법을 믿지 않는 자는 모두 악도에 떨어질 것이다.

만일 선지식을 만나 그의 가르침으로 손가락을 한 번 튕기는 사이라도 지장보살에게 귀의하면 이 모든 중생은 곧 삼악도의 죄업에서 풀려날 것이다.

만일 지극한 마음으로 귀의하여 공경하고 예배찬탄하는 사람은 미래 세상의 헤아릴 수 없는 많은 세월을 항상 여러 하늘에 살면서 묘한 안락을 얻을 것이다. 또한 천상의 복락이 다해 다시 인간 세상에 태어나더라도 능히 제왕이 되어서 숙세의 인과를 기억하게 될 것이니라.

정자재왕보살이여, 이와 같이 지장보살에게는 불가사의한 큰 위신력이 있어서 널리 중생을 이롭게 하느니라. 그대들 보살들은 마땅히 이 경을 쓰고 널리 펴서 전하도록 할지니라."

정자재왕보살이 부처님께 사뢰었다.

"부처님이시여, 바라옵건대 염려하지 마옵소서. 저희 수많은 보살들이 반드시 부처님의 위신력을 받들어 널리 이 경을 설하여 염부제의 중생들에게 이익토록 하겠습니다."

정자재왕보살이 부처님께 이와 같이 아뢰고 합장예배하면서 물러갔다.

그 때 사방의 천왕이 함께 자리에서 일어나 합장하고 부처님께 여쭈었다.

"부처님이시여, 지장보살은 과거 오랜 겁을 지나오면서 이와 같이 큰 서원을 발하였는데 어찌하여 지금까지 중생들을 모두 제도하지 못하고 다시 넓고 큰 서원을 발하옵니까? 바라옵건대 저희들을 위하여 말씀해 주옵소서."

부처님께서 사천왕에게 말씀하셨다.

"참으로 장하다. 내가 이제 그대들과 미래, 현재의 하늘과 모든 인간 중생들에게 널리 이익을 주기 위하여, 지장보살이 사바세계에서 고통받고 있는 일체 중생을 구제하고 해탈케 하는 방편을 설하겠노라."

사천왕이 부처님께 말씀드렸다.

"부처님이시여, 바라옵건대 기꺼이 듣기를 원하옵니다."

부처님께서 말씀하셨다.

"지장보살은 오랜 겁을 지나 지금에 이르기까지 많은 중생들을 제도하여 해탈케 하였지만, 그 서원은 아직도 다하지 않았느니라.

자비스러운 마음으로서 이 세상의 고통받는 중생들을 불쌍히 여기며 한량없는 겁 동안 업의 인연이 끊이지 않음을 너무나 많이 보게 되므로 다시 또 원을 발하게 되는 것이니라.

이와 같은 보살은 사바세계 염부제 안에서 백천만억 가지의 방편으로 중생들을 교화하고 있다.

사천왕이여, 지장보살은 만일 중생을 죽이는 이를 보면 태어나게 될 때마다 재앙이 있고 단명하게 되는 과보를 받는다고 설해 줄 것이다.

만일 도둑질하는 이를 보면 가난으로 고통받는 과보를 설해 줄 것이며, 만일 사음하는 사람을 보면 비둘기, 공작, 원앙새의 과보를 설해 준다.

만일 거칠게 말하는 사람을 보면 항상 친지와 싸우는 과보를 말해 주고, 만일 사람을 비방하는 이를 보면 혀가 없고 입에 창병이 나는 과보를 말해 준다.

만일 화내는 사람을 보면 얼굴이 사납게 일그러지는 과보를 말해 주며, 만일 간탐하고 인색한 사람을 보면 구하는 것이 뜻대로 구해지지 않는 과보를 말해 주며, 만일 음식을 법도 없이 먹는 사람을 보면 배고프고 목마르고 목에 병이 나는 과보를 말해 준다.

만일 사냥하기를 좋아하는 사람을 보면 놀라거나 미쳐서 죽는 과보를 말해 주며, 만일 어버이에게 불효하는 이를 보면 천재지변으로 죽는 과보를 말해 준다.

만일 산과 숲에 불을 지르는 사람을 보면 실성해서 죽는 과보를 말해 주고, 만일 어느 생에서나 부모에게 악독하게 하는 사람을 보면 내생에 바뀌어 나서 매를 맞는 과보를 말해 주며, 만일 그물로 새를 잡는 사람을 보면 골육간에 서로 이별하는 과보를 말해 준다.

만일 불법승 삼보를 비방하는 사람을 보면 눈 멀고 귀 멀고 벙어리가 되는 과보를 말해 주고, 만일 불법을 가벼이 여기고 불교를 업신여기는 사람을 보면 영원히 악도에 떨어지는 과보를 말해 준다.

만일 절의 재물을 마음대로 쓰는 사람을 보면 억겁 동안 지옥에서 윤회하는 과보를 말해 주며, 만일 청정한 행을 더럽히고 스님을 속이는 이를 보면 영원히 축생으로 윤회하는 과보를 말해 준다.

만일 끓는 물, 불, 무기로 생명을 죽이는 이를 보면 윤회하면서 서로 끊임없이 앙갚음하는 과보를 말해 주며, 만일 계를 파하는 이를 보면 새나 짐승이 되어 굶주리는 과보를 말해 준다.

재물을 바르게 쓰지 않고 낭비하는 사람을 보면 구하는 바가 막히고 끊어지는 과보를 말해 주며, 만일 아만이 많은 이를 보면 미천한 종이 되는 과보를 말해 준다.

만일 두 말로 이간질시켜서 싸움을 하게 만드는 자는 혀가 없거나 혀가 백이나 되는 과보를 말해 주며, 만일 삿된 소견으로 어리석은 사람을 보면 변방에 태어나는 과보를 말해 줄 것이다.

이와 같이 염부제의 중생들이 몸과 입과 생각으로 짓는 악업의 결과로 받게 되는 백천 가지 과보를 말하였느니라. 이와 같이 염부제 중생이 지은 악업의 과보의 차이에 따라 지장보살은 백천 가지 방편으로 교화하고 있건만, 중생들은 이와 같은 죄의 업보를 미리 받고 뒤에 지옥에 떨어져 여러 겁이 지나도록 벗어날 기약이 없다. 그러므로 그대들은 사람과 나라를 보호하여 이 모든 죄업으로 중생을 미혹하게 만들지 말지어다."

사천왕은 이 말씀을 듣고 눈물을 흘리고 슬피 탄식하면서 합장하고 물러갔다.

제5장 지옥의 이름

그 때 보현보살이 지장보살에게 말했다.

"지장보살이시여, 바라옵나니 천신과 인간, 용, 팔부신중(八部神衆)과 미래, 현재의 일체중생을 위해서, 사바세계 죄업중생이 받는 지옥의 이름과, 과보를 받는 일을 말씀하시어 미래세의 말법중생들로 하여금 그 과보를 알게 하소서."

지장보살이 대답했다.

"어진 이여, 내가 이제 그대에게 부처님의 위신력과 대사의 힘을 받들어 지옥의 이름과 죄의 과보에 대해서 간략히 말하겠습니다.

염부제 동쪽에 산이 있는데 이름은 철위산이며 그 산은 어둡고 깊어서 해와 달도 비추지 못합니다. 여기에 큰 지옥이 있는데 이름하여 무간지옥(無間地獄)이라 하며, 또 지옥이 있는데 이름하여 대아비지옥(大阿鼻地獄)이라고 하며, 또 다른 지옥은 이름하여 사각(四角)이라고 합니다.

또 비도지옥(飛刀地獄), 화전지옥(火箭地獄), 협산지옥(夾山地獄), 통창지옥(通槍地獄), 철거지옥(鐵車地獄), 철상지옥(鐵床地獄), 철우지옥(鐵牛地獄), 철의지옥(鐵衣地獄), 천인지옥(千刃地獄), 철려지옥(鐵驢地獄), 양동지옥(洋銅地獄), 포주지옥(抱柱地獄), 유화지옥(流火地獄), 경설지옥(耕舌地獄), 좌수지옥(剉首地獄), 소각지옥(燒脚地獄), 담안지옥(啗眼地獄), 철환지옥(鐵丸地獄), 쟁론지옥(諍論地獄), 철부지옥(鐵鈇地獄), 다진지옥(多瞋地獄)이 있습니다."

지장보살이 또 말했다.

"철위산 속에는 이와 같은 지옥들이 수없이 있습니

다. 또한 규환지옥(叫喚地獄), 발설지옥(拔舌地獄), 분뇨지옥(糞尿地獄), 동쇄지옥(銅鎖地獄), 화상지옥(火象地獄), 화구지옥(火狗地獄), 화마지옥(火馬地獄), 화우지옥(火牛地獄), 화산지옥(火山地獄), 화석지옥(火石地獄), 화상지옥(火床地獄), 화량지옥(火梁地獄), 화응지옥(火鷹地獄), 거아지옥(鋸牙地獄), 박피지옥(剝皮地獄), 음혈지옥(飮血地獄), 소수지옥(燒手地獄), 소각지옥(燒脚地獄), 도자지옥(倒刺地獄), 화옥지옥(火屋地獄), 철옥지옥(鐵屋地獄), 화낭지옥(火狼地獄) 등이 있습니다.

이러한 여러 지옥 속에는 또 각각 작은 지옥들이 있는데 하나에서 둘, 셋, 넷, 백천까지 있으니 그 이름이 각각 다릅니다."

지장보살이 또다시 보현보살에게 말했다.

"어진 이여, 이 여러 가지 지옥들은 모두 사바세계에서 악업을 지은 중생들의 업력으로 생겨난 것입니다.

업의 힘은 매우 커서 능히 수미산과 겨룰 만하며 깊고 큰 바다와 같아서 성도(成道)의 길을 방해합니다.

그러므로 중생들은 아무리 작은 악이라도 죄가 되지 않는다고 가벼이 여기지 말아야 합니다. 아무리 작은 악이라도 죽은 뒤에는 과보를 받아야 하며, 부모와 자식 사이라도 가는 길이 각각 다르고 비록 서로 만날지라도 죄업을 대신 받을 수 없습니다.

내가 이제 부처님의 위신력을 받들고 지옥에서 죄업의 과보를 받는 일을 말하리니 잘 들어보시기 바랍니다."

보현보살이 대답했다.

"내가 삼악도(三惡道)의 업보를 안 지는 오래 되었습니다. 지금 다시 이렇게 바라는 바는 후세 말법시대의 모든 악업중생들이 지장보살의 말씀을 듣고 불법으로 돌아오게 하려는 것입니다."

지장보살이 말했다.

"지옥의 업보는 이와 같습니다. 어떤 지옥은 혀를 뽑아서 소로 하여금 갈게 하고, 어떤 지옥은 죄인의 심장을 꺼내어 야차(夜叉)가 먹으며, 어떤 지옥은 물을 펄펄 끓여 몸을 삶습니다.

어떤 지옥은 벌겋게 달군 구리쇠 기둥을 죄인들로 하여금 안게 합니다. 어떤 지옥은 맹렬하게 타오르는 불더미를 죄인의 몸에 덮어 씌웁니다.

어떤 지옥은 언제나 차가운 얼음만으로 이루어져 있으며, 어떤 지옥은 한량없는 똥과 오줌뿐입니다.

어떤 지옥은 쇠뭉치가 날아서 죄인을 쫓아오며, 어떤 지옥은 불창으로 찌릅니다. 어떤 지옥은 몽둥이로 가슴과 배를 때리며, 어떤 지옥은 손발을 태웁니다.

어떤 지옥은 쇠뱀이 달려들어 몸을 칭칭 감아 조이며, 어떤 지옥은 몸이 쇠로 된 개가 달려들며, 어떤 지옥은 불에 달군 쇠로 된 나귀를 타게 합니다.

이와 같은 업보를 받는 지옥마다 백천 가지의 형구(刑具, 고통을 주는 기구)가 있는데, 모두 구리, 무쇠, 돌, 불로 되어 있습니다. 이 네 가지 물건은 여러 가지 업의 작용을 나타내는 것입니다.

만약 지옥의 업보에 대하여 자세히 말한다면 각각

의 지옥마다 다시 백천 가지의 고통이 있는데 하물며 다른 지옥의 고통들은 더 말할 바가 있겠습니까?

　내가 이제 부처님의 위신력과 보현보살의 물음을 받들어 간략히 말했으나 만일 상세히 말하고자 한다면 겁이 다하더라도 다 말할 수 없을 것입니다."

제6장 여래의 찬탄

그 때 세존께서 온몸에 대광명을 놓으사 항하사와 같은 모든 부처님의 세계를 두루 비추시고, 큰 음성을 발하여 모든 부처님 세계의 일체 보살과, 천신과 인간과 용, 귀신, 인비인(人非人)에게 말씀하셨다.

"내가 오늘 시방세계에서 불가사의한 큰 위신력과 자비의 힘으로써 온갖 업보의 고통을 받는 중생들을 구호하는 지장보살의 일을 드높이 찬탄하리라. 내가 멸도한 뒤에 그대들 모든 보살과 천, 용, 귀신들은 널리 방편으로 이 경전을 지킬 것이며 일체중생으로 하여금 모든 고통을 버리고 열반의 기쁨을 얻게 하라."

이와 같이 말씀하시자 그 자리에 있던 보광보살이 합장하고 부처님께 아뢰었다.

"지금 부처님께서는 지장보살에게 불가사의한 대위신력이 있음을 찬탄하셨습니다. 오직 바라옵건대, 부처님께서는 미래세의 말법중생을 위하여 지장보살이 인간과 천상을 이익케 하는 인과에 대해서 말씀해 주십시오. 그리하여 모든 천과 용, 팔부신중(八部神衆)과 미래세 중생으로 하여금 부처님의 말씀을 받들게 하여 주십시오."

그 때 부처님께서 보광보살과 비구, 비구니, 우바새, 우바이에게 말씀하셨다.

"내가 마땅히 그대들을 위하여 지장보살이 인간과 천상을 이익케 하는 복덕에 대하여 간략히 말하겠느니라."

보광보살이 부처님께 아뢰었다.

"부처님이시여, 기꺼이 듣고자 하나이다."

부처님께서 말씀하셨다.

"만일 미래세에 어떤 선남자, 선여인이 지장보살의 명호를 듣고서 합장하는 이와 찬탄하는 이, 예배하는 이, 흠모하는 이는 삼십 겁 동안 지은 죄에서 벗어나리라.

보광보살이여, 만일 어떤 선남자, 선여인이 지장보살의 상을 그리거나, 혹은 흙, 돌, 아교, 금, 은, 동, 철로써 이 보살상을 조성하여 모시고 한 번이라도 예배하는 이는, 백 번이나 삼십삼천(三十三天)에 태어나고 영원히 악도에 떨어지지 않으리라.

혹 천상에서의 복이 다해 인간 세상에 태어난다고 해도 오히려 국왕이 되어서 큰 이익을 받으리라.

만일 어떤 여자가 여자의 몸을 싫어한다면 정성을 다해 지장보살의 탱화나 화상에 공양하되 날마다 물러서지 않고 항상 꽃, 향, 음식, 의복, 비단, 당(幢)이나 번(幡), 돈, 보배로서 공양하면 이 여인은 한 번 받은 여자의 몸이 다하면 백천만 겁이 지나도록 다시는 여인이 있는 세계에 태어나지도 않을 것이니 어찌 다시 여자의 몸을 받으리오.

다만 자비원력으로 중생을 제도하기 위해서 짐짓 받는 여자의 몸은 말할 것이 없을 것이니라. 지장보살께 공양한 힘과 공덕의 힘을 입은 까닭에 천만 겁이 지나도록 다시는 여자의 몸을 받지 않을 것이니라.

보광보살이여, 또 만일 어떤 여인이 몸이 추하고 질병이 많으면, 지장보살상 앞에서 지극한 마음으로 한나절만 우러러 지극히 예배하더라도, 이 사람은 천만 겁 동안 태어나는 몸이 원만하고 모든 질병이 없을 것이다.

이 여인이 만약 여자의 몸을 싫어하지 않는다면 곧 천만억 겁 동안 항상 왕녀, 왕비가 되고 재상이나 명문가의 딸이 되어 단정하게 태어나게 되고 모든 형상이 아름답게 갖추어지리라. 지극한 마음으로 지장보살을 우러러 예배한 까닭에 이와 같은 복덕을 얻나니라.

보광보살이여, 만일 선남자, 선여인이 지장보살상 앞에서 모든 풍류와 소리로 찬탄하며, 꽃과 향으로써 공양하고 한 사람이나, 여러 사람에게 권하더라도, 이 사람은 현재세와 미래세에 항상 귀신들이 밤낮으로 보호해서 악한 일은 귀에 들리지 않게 하리니 하물며 횡액을 받으리오.

보광보살이여, 미래세에 악한 사람과 악한 귀신이 있어서 선남자, 선여인이 지장보살께 귀의하고, 공경하며, 공양찬탄하는 예를 보고 망령되이 희롱하고 비방할지도 모른다.

그 악한 귀신은 아무 공덕이 없다고 비방하면서 이를 드러내어 비웃거나 혹은 다른 사람을 시켜 비웃게 하고 혹 한 사람, 여러 사람에게 비난하여 한 생각이라도 헐뜯고 비방한다면 이는 헤아릴 수 없는 많은 겁이 지나 천 불이 멸도한 뒤에라도 삼보를 비방한 죄로 아비지옥에 떨어져 가장 무거운 죄를 받게 될 것이다.

또한 이 겁이 지나면 겨우 아귀가 되고, 천 겁이 지나면 축생이 되고, 또 천 겁이 지난 후 비로소 사람의 몸을 얻게 될 것이니라.

비록 사람의 몸을 얻었다고 할지라도 가난하고 미

천하며 불구가 되고 악업이 몸에 배어 있어서 오래지 않아 다시 악도에 떨어질 것이니라.

보광보살이여, 다른 사람이 공양올리는 것을 비방하면 오히려 이와 같은 과보를 받거늘 하물며 악한 마음을 내어서 희롱하고 훼방하는 것은 말할 것도 없느니라.

보광보살이여, 또 미래세에 그런 사람은 병들어서 오래도록 누워 있게 되며 살고자 하거나 혹은 죽고자 하여도 마음대로 되지 않느니라.

혹은 꿈에 악한 귀신과 집안 친척이 보이며 혹은 험한 길을 헤매기도 하며 가위눌리고, 귀신과 함께 놀며, 날이 감에 따라 몸은 점점 파리해지고 야위어서 잘 때에도 소리치며 괴로워하느니라.

이것은 다 업의 길[業道]에서 죄의 경중을 결정하지 못하였으므로 죽기도 어렵고, 나을 수도 없게 된 것이니 사람의 평범한 눈으로는 판단할 수 없느니라.

이런 때에는 다만 모든 부처님과 보살의 형상 앞에

서 큰 소리로 이 경을 한 번이라도 읽고 병든 사람이 아끼는 물건이나 의복, 보배, 장원이나 사택을 놓고 병자 앞에서 큰 소리로 외칠지니라.

'우리들이 그대를 위하여 경전과 불상을 모시고 이 재물을 바칩니다. 또 경전과 불상을 공양하고 부처님과 보살의 형상을 조성하고 탑과 절을 짓고 등불을 켜고 절에 보시합니다.'

이와 같이 두 번, 세 번 축원하여 병자가 알아듣도록 하라. 만약 병자가 의식이 흩어지고 기진해 있을지라도 하루, 이틀, 사흘 내지 칠 일 동안 높은 소리로 이것을 말해 주고 높은 소리로 이 경전을 독송하면, 병자는 목숨을 마친 다음 오무간지옥에 들어갈 사람이라도 영원히 깨달음을 얻을 것이다. 또한 태어나는 곳마다 항상 숙업을 알 것이니라.

선남자, 선여인이 스스로 이 경을 독송하고 한 생각이라도 이 경을 찬탄하며, 이 경을 공경하는 이를 보거든 그대는 갖가지 방편으로 이 사람들에게 권하여 부지런한 마음으로 물러남이 없도록 하면, 반드시 미래와 현재에 불가사의한 백천만억의 공덕을 얻게 될 것이니라.

보광보살이여, 만일 미래세에 모든 중생이 꿈이나 잠결에 귀신이 보이되 그들이 슬피 울며, 근심하고 탄식하며, 두려워하고 겁내는 것을 보게 되는 것은 모두 한 생이나, 열 생, 백 생, 천 생의 과거로부터 부모, 형제, 부부, 친척들이 악도에서 벗어나지 못하였기 때문이니라.

또한 그들의 고통을 복력으로 구해 줄 이가 아무도 없으므로, 숙세의 혈육에게 호소하여 벗어나게 되기를 간절히 원하는 것이다.

보광보살이여, 그대는 위신력으로 이들로 하여금 모든 부처님과 보살상 앞에서 지극한 마음으로 스스로 이 경을 읽거나 혹은 사람을 청하여 세 번, 일곱 번 읽게 하라. 그리하면 악도에 있는 친척들이 경 읽는 소리가 끝나는 대로 곧 깨달음을 얻어 꿈이나 잠결에서도 귀신이 다시 보이지 않게 된다.

보광보살이여, 미래세에 태어난 미천한 사람, 혹은 노비나 부자유한 사람들이 전세의 죄업임을 깨닫고 참회하고자 하거든, 지극한 마음으로 지장보살의 형상에 우러러 절하면서 칠 일 동안 보살의 명호를 외워서 만 번을 채우라.

그 사람은 과보가 다한 뒤에 천만생 동안 항상 높고 귀한 집에 태어나며 다시는 삼악도의 고통을 겪지 않게 되느니라.

보광보살이여, 만약 미래세에 염부제에 사는 왕족이나, 바라문, 장자, 거사나 다른 종족에 새로 태어나는 사람으로 남자든, 여자든 칠 일 이내에 이 불가사의한 경전을 읽어 주고 또한 보살의 이름 부르기를 만 번 채우라.

새로 태어나는 아기는 전세에 지은 업보가 다 풀리고 안락하게 잘 자라고 수명이 늘어날 것이니라. 또한 복을 타고난 아이라면 더욱 잘 자라게 될 것이니라.

보광보살이여, 미래세의 중생은 달마다 1일, 8일, 15일, 18일, 23일, 24일, 28일, 29일, 30일에는 모든 죄업을 모아서 그 무겁고 가벼움을 결정하느니라.

남염부제의 중생들이 행동하고 생각하는 것 가운데 죄 아닌 것은 없다. 그런데 하물며 방자한 마음으로 살생하고 도둑질하며, 사음하고 거짓말하는 갖가지 죄의 모습에 있어서랴?

만약 십재일에 부처님과 보살과 모든 성현의 형상 앞에서 이 경을 한 번 읽으면, 동서남북 백 유순 안에서는 모든 재난이 없어질 것이며 그가 사는 집안의 어른이나 아이들이 현재와 미래의 백천 세에 영원히 악도(惡道)에서 벗어날 것이니라.

또 십재일마다 이 경을 한 번 읽으면 현세에 그 집안의 모든 횡액이나 질병이 없어지고 의복과 먹을 것이 풍족해지느니라.

그러므로 보광보살이여, 지장보살에게는 이와 같이 말할 수 없는 백천만억의 큰 위신력과 이익이 있음을 알아야 하느니라.

염부제의 중생이 지장보살과 큰 인연이 있으니 모든 중생이 이 보살의 이름을 듣고 보살의 형상을 보며 이 경의 세 글자, 다섯 글자 혹은 한 게송, 한 구절이라도 듣는 이는 현재에 안락하며 미래세에 항상 단정한 몸을 받고 존귀한 가문에 태어나게 되느니라."

그 때 보광보살이 부처님께서 지장보살을 찬탄하심을 듣고서 무릎을 꿇어 합장하고 다시 부처님께 여쭈었다.

"부처님이시여, 저는 이미 지장보살의 불가사의한 위신력과 거룩한 서원의 힘을 알았습니다. 그러나 미래세의 중생들을 이익케 하기 위해서 짐짓 부처님께 여쭈옵니다. 바라옵건대 자비로써 들어 주옵소서. 이 경의 이름을 무엇이라고 하며 저희들은 이 경을 어떻게 펴야 하겠습니까?"

부처님께서 보광보살에게 말씀하셨다.

"이 경에는 세 가지 이름이 있나니라. 첫째 이름은

《지장보살본원경(地藏菩薩本願經)》이며, 둘째 이름은 《지장보살본행경(地藏菩薩本行經)》이며, 셋째 이름은 《지장보살본서원력경(地藏菩薩本誓願力經)》이니라.

지장보살은 멀고 먼 겁을 지나오면서 큰 서원을 발하여 중생들을 이익케 하여 왔느니라. 그러므로 그대들은 이 원력에 따라 유포하도록 할지니라."

보광보살은 부처님의 말씀을 깊이 새겨 듣고 신심으로 받들어 합장예배하고 물러갔다.

제7장 모든 목숨을 이익케 함

그 때 지장보살이 부처님께 아뢰었다.

"부처님이시여, 제가 이 염부제의 중생들을 살펴보니 발을 내딛고 생각하는 모든 것이 죄업 아닌 것이 없습니다. 혹 훌륭한 사람을 만나더라도 대개 처음 발한 좋은 마음을 잃고 맙니다. 혹 나쁜 인연을 만나면 생각생각마다 나쁜 생각이 더해 갑니다.

이와 같은 사람은 마치 진흙 구덩이에서 무거운 짐을 지고 걷는 것과 같아서, 점점 지치고 더욱 깊숙한 구렁으로 빠지는 것과 같습니다. 다행히 선지식을 만나면 그 무거운 짐을 덜어 주거나 혹은 책임져 주기도 합니다. 이것은 선지식에게 큰 힘이 있기 때문입니다.

그리고 다시 서로 도와서 다리를 튼튼하게 만들며 평지에 이르러서는 험한 길을 살펴보고 다시는 그 길에 들어가지 않게 합니다.

부처님이시여, 악을 익힌 중생들은 하찮고 보잘것 없는 일에서조차 한량없는 죄를 저지르고 맙니다.

이와 같은 악습에 젖은 중생들이 목숨을 마칠 때 가족이 마땅히 그를 위해 복을 베풀어 주되 깃발을 달고, 등불을 밝히며 경전을 읽어 주며 혹은 불상과 성상에 공양하며, 부처님과 보살, 벽지불의 명호를 독송하되, 한 분의 명호를 외우더라도 임종하는 사람의 귀에 들리게 해야 합니다. 이 사람은 그 공덕으로 인하여 그가 지은 죄업으로는 반드시 악도에 떨어질 것이나, 그 가족들이 임종하는 사람을 위하여 좋은 인연을 닦았으므로 이와 같은 여러 가지 죄가 다 없어질 것입니다.

만일 그 중생이 죽은 뒤 49일 안에 여러 가지 좋은 복을 닦으면 그 중생은 능히 나쁜 곳을 영원히 벗어나게 될 것입니다.

 또한 인간이나 천상에 태어나서 큰 즐거움과 복을 받을 것이며 현생의 가족들도 한량없는 이익을 받을 것입니다.

 그러므로 제가 이제 부처님과 천신과 인간, 용, 팔부신중들에게 바라옵나니, 사바세계의 중생들에게 임종하는 날 살생하지 말고 삼가 악한 인연을 짓지 말며, 귀신이나 도깨비에게 절하는 일을 하지 말도록 권하여 주십시오.

 왜냐하면 살생을 하면서까지 제사지내는 것은 털끝만큼도 죽은 이에게는 이익됨이 없고, 다만 나쁜 인연만을 맺어 죄를 더욱 깊고 무겁게 할 뿐이기 때문입니다.

 만일 현세나 내세에 좋은 일을 해서 인간이나 천상에 태어나게 되었더라도 임종할 때 그 가족들이 악한 인연을 짓게 되면 죽은 사람은 그 원인으로 좋은 곳에 태어나는 것이 늦어질 뿐입니다.

 하물며 임종한 사람이 생존시에 작은 선근조차도

없었다면, 본래 지은 죄업에 따라 스스로 악도에 떨어질 것이니 어찌 차마 가족들이 다시 악업을 지어 보태겠습니까?

비유컨대 어떤 사람이 먼 곳에서 오는데 굶은 지 사흘이 되고 짐은 백 근이 넘는데 이웃 사람을 만나서 다시 작은 짐을 더 얹는다면 점점 피곤해져서 지쳐버리게 되는 것과 같습니다.

부처님이시여, 제가 보건대 남염부제 중생이 오직 불법 안에서 한 터럭, 한 물방울, 한 티끌만큼의 착한 일만 하더라도 이로 말미암은 이익을 모두 얻게 될 것입니다."

그 때 그 자리에 한 장자가 있었으니 이름은 대변(大辯)이라 하였다. 이 장자는 오래 전에 무생(無生)의 진리를 깨달아 시방의 중생들을 교화하였으며 장자의 몸을 나타내어 합장하고 공양하는 마음으로 지장보살에게 물었다.

"지장보살이시여, 사바세계의 중생들이 목숨을 마

친 뒤 그의 가족들이 그를 위해 공덕을 닦거나 재물로 여러 가지 착한 인연을 짓게 되면 임종한 사람은 어떤 큰 인연을 얻어 해탈을 성취하게 됩니까?"

지장보살이 대답했다.

"장자여, 내가 이제 현재와 미래의 일체중생들을 위하여 부처님의 위신력을 빌어서 그것을 말하겠습니다.

장자여, 현재 미래의 모든 중생들이 임종할 때, 한 부처님의 명호나 한 보살의 명호, 한 벽지불의 명호를 듣게 되면 죄의 유무를 떠나서 모두 해탈하게 됩니다.

만일 어떤 남자나 여인이 살아서 착한 인연을 닦지 않고 여러 가지 악업만을 지었다고 할 때, 목숨을 마친 뒤에 여러 가족들이 그를 위하여 이익되는 착한 일을 하게 되면, 그 가운데 칠분의 일은 죽은 사람이 얻고 나머지는 살아 있는 사람들이 얻게 됩니다.

그러므로 현재와 미래세의 선남자, 선여인이 이 말씀을 듣고 스스로 공덕을 닦으면 완전한 복덕을 얻게 됩니다.

죽음의 귀신은 느닷없이 찾아옵니다. 그 때 비로소 중생들은 캄캄한 어둠 속에 헤매고, 스스로의 죄업과 복덕을 알지 못하며 49일 동안 바보나, 귀머거리처럼 방황하다가 중생의 죄업을 심판하는 곳에서 업보를 변론하고, 심판받은 뒤에야 업보에 의해서 다시 태어나게 됩니다. 앞일을 예측할 수 없는 그 사이에도 번민과 고통이 천만 가지이거늘, 하물며 여러 갈래의 악도에 떨어져 고통받는 것을 무엇으로 설명하겠습니까?

그러므로 생명을 마친 사람이 새 생명을 받지 못하는 49일 동안에는 모든 가족들이 명복을 빌어 구원해 주기를 바라는 것입니다.

그러나 49일이 지나면 각자의 죄업에 따라 과보를 받게 됩니다. 만일 그가 죄업이 깊은 사람이라면 천백 세가 지나도록 해탈할 날이 없을 것입니다. 만 겁이 지나도록 영원한 고통을 받게 됩니다.

장자여, 이와 같은 중생들이 생명을 마친 뒤 가족들이 재를 베풀어서 갈 길을 도와줄 때, 그 재식을 마치기 전이나 재를 마련할 때, 쌀뜨물과 나물 다듬은 찌꺼기 등을 땅에 버리지 말아야 합니다. 또한 모든 음식을 부처님과 스님들에게 올리기 전에 먼저 먹어서는 아니 됩니다.

만일 이 법을 삼가지 않으면, 생명을 마친 사람에 대해 그는 조금도 복덕이 되지 못합니다. 만일 청정하고 지극한 마음으로 공양구를 부처님과 스님들께 올리면, 죽은 사람은 그 공덕의 칠분의 일을 얻을 것입니다.

장자여, 염부제의 중생이 만일 그 부모와 가족들을 위해서 지극하고 간절한 마음으로 재를 베풀어 공양하면 산 사람과 죽은 사람이 모두 이익을 얻게 됩니다."

지장보살이 이와 같이 설할 때 도리천궁에 있던 천만억 나유타의 염부제 귀신들이 한량없는 보리심을 발하였으며, 대변장자는 기쁜 마음으로 가르침을 받들며 예배하고 물러갔다.

제8장 염라왕들에 대한 찬탄

 그 때 철위산 속에 있던 셀 수 없이 많은 귀왕(鬼王)들이 염라천자(閻羅天子)와 함께 부처님이 계시는 도리천에 이르렀다.

 그들은 악독귀왕(惡毒鬼王), 다악귀왕(多惡鬼王), 대쟁귀왕(大諍鬼王), 백호귀왕(白虎鬼王), 혈호귀왕(血虎鬼王), 적호귀왕(赤虎鬼王), 산앙귀왕(散殃鬼王), 비신귀왕(飛身鬼王), 전광귀왕(電光鬼王), 낭아귀왕(狼牙鬼王), 천안귀왕(千眼鬼王), 담수귀왕(噉獸鬼王), 부석귀왕(負石鬼王), 주모귀왕(主耗鬼王), 주화귀왕(主禍鬼王), 주식귀왕(主食鬼王), 주재귀왕(主財鬼王), 주축귀왕(主畜鬼王), 주금귀왕(主禽鬼王), 주수귀왕(主獸鬼王), 주매귀왕(主魅鬼王), 주산귀왕(主産鬼王), 주명귀왕(主命鬼王), 주질귀왕(主疾鬼王), 주험귀왕(主險鬼王), 삼목귀왕(三目鬼王), 사목귀왕(四目鬼王), 오목귀왕(五目鬼王), 기리실왕(祁利失王), 대기리실왕(大祁利失王), 기리차왕(祁利叉王), 대기리차왕(大祁利叉王), 아나타왕(阿那吒王), 대아나타왕(大阿那吒王)과 같은 대귀왕들이었다.

이들은 모두 백천이나 되는 여러 소귀왕(小鬼王)들을 데리고 모든 염부제에서 각각 맡은 일이 있었고 머무는 곳이 따로 있었다.

이 모든 귀왕들은 염라천자와 더불어 부처님의 위신력과 지장보살마하살의 힘을 입어 도리천에 와서 대중 속에 있었다.

그 때 염라천자가 꿇어 앉아 합장하고 부처님께 여쭈었다.

"부처님이시여, 저희들은 이제 모든 귀왕과 더불어 부처님의 위신력과 지장보살의 힘을 입어 이 도리천궁의 대법회에 왔습니다. 이는 저희들이 착한 이익을 얻기 위한 것입니다. 제가 이제 조금 의심되는 일이 있어서 감히 부처님께 여쭈옵니다. 바라옵건대 부처님이시여, 자비로써 저희들을 위해 말씀해 주십시오."

부처님께서 염라천자에게 말씀하셨다.

"그대는 궁금한 바를 마음껏 물으라. 내가 그대들을 위하여 말해 주리라."

이 때 염라천자가 부처님을 우러러 예배드리고 지장보살을 바라보며 부처님께 말씀드렸다.

"부처님이시여, 제가 지장보살을 살펴보니 6도(六道) 중에 계시면서 백천 가지 방편으로 고통받는 중생들을 구하시면서 피로도 괴로움도 마다하지 않으십니다. 이 대보살에게는 이와 같은 불가사의한 신통이 있으나 모든 중생들은 죄보에서 벗어났다가 오래지 않아 다시 악도에 떨어지고 맙니다.

부처님이시여, 이 지장보살에게는 그와 같은 불가사의한 신통력이 있는데도 어찌하여 중생들은 거룩한 가르침에 의지하여 영원한 해탈을 구하려 하지 않습니까? 바라옵건대 부처님이시여, 저희들을 위하여 말씀해 주옵소서."

부처님께서 말씀하셨다.

"염부제의 중생들은 마음이 거칠고 어리석어서 교화하기 어렵다. 그러나 지장보살은 백천 겁이 지나도록 이와 같은 중생들을 빠짐없이 구제하여 해탈의 길로 이끌고 있다.

또 죄업에 가득찬 중생들과 모진 악도에 떨어진 사람까지도, 지장보살은 방편력으로써 업연의 뿌리까지 뽑아서 전세의 일을 깨닫게 해 주건만, 염부제의 중생들은 스스로 악습에 젖어 있어서 금방 악도에서 벗어났다가 다시 들어가고 있다. 그러므로 지장보살은 수고를 마다하지 않고 오랜 겁이 지나도록 중생들을 계속 제도해야만 하는 것이다.

비유컨대, 어떤 사람이 본래의 집을 잃고 방황하다가 험한 길로 잘못 들어 섰는데 그 길에서 숱한 야차와 호랑이, 사자, 구렁이, 뱀, 독사들과 마주치게 되었다.

그 때 마침 술법을 잘 알고 있는 선지식이 있어서 큰 술법으로 야차와 악한 짐승들을 잘 막아내고 있었다. 그러나 갑자기 어리석은 나그네가 그 험한 길에 들어 가려고 하는 것을 보고 외쳤다.

'가엾은 나그네여, 어쩌자고 이런 길로 들어서게 되었는가? 모든 독기를 막아낼 수 있는 무슨 기이한 술법이라도 있다는 말인가?'

길 잃은 사람은 이 말을 듣고 비로소 험한 길인 줄 깨닫고 곧 물러서며 이 길에서 벗어나고자 했다. 그 때 선지식이 나그네의 손을 잡고 이끌어 험한 길에서 벗어나서 넓고 평탄한 길로 인도하여 안전하게 해 주고 말했다.

'가엾은 나그네여, 지금부터는 다시 저 길에 들지 말아야 하느니 저 길에 드는 이는 벗어나기 어려우며 더욱이 목숨까지 잃게 되리라.'

길 잃은 사람은 감동했다. 서로 헤어지려 할 때 선지

식은 다시 말했다.

'만일 친한 사람이나 길 가는 사람을 보거든 저 길에는 악독한 짐승이 많이 있으므로 생명을 잃게 된다고 말해 주어서 모든 중생들로 하여금 스스로 죽음의 길을 걷지 않도록 하여라.'

이와 같이 말하는 것과 같다.

이처럼 지장보살은 큰 자비심으로 죄업을 짓고 고통받는 중생들을 구원해서 사람의 몸으로 태어나게 하고 안락을 누리게 해 주면, 중생들은 악업의 길에서 겪는 고통을 알고서 그 길에서 벗어나 다시는 고통을 겪지 않는다.

그것은 마치 길 잃은 사람이 험한 길에 들어섰다가 선지식을 만나서 다시는 악도에 들어가지 않는 것과 같다. 또 다른 사람들을 만나도 악도에 들어가지 않도록 권유하여 모두가 자연히 해탈케 하여 다시는 들어가지 않는 것과 같다.

만일 그 길을 다시 밟는다면 아직도 어리석어서 옛날

에 빠져들었던 험한 길인 줄 깨닫지 못하고 목숨을 잃어버리게 되니, 마치 악도에 빠진 중생을 지장보살의 원력으로 해탈케 하여, 인간이나 천상에 태어나게 하여도 금방 다시 악도에 들어가는 것과 같다. 만일 죄업이 무거우면 영원히 지옥에서 벗어나지 못하리라."

그 때 악독귀왕이 합장하고 부처님께 여쭈었다.

"부처님이시여, 저희들 귀왕들은 그 수가 한량없습니다. 염부제에서는 사람들에게 이익을 주기도 하고 혹 사람들에게 두려움을 주기도 합니다. 제가 권속들로 하여금 세계를 돌아다니게 해 보면 악한 일은 많고 맑고 거룩한 일은 적습니다.

그러나 사람의 집이나 성읍, 촌락, 정원을 지나다가 어떤 남자나 여자가 털끝 만큼이라도 착한 일을 하는 것을 보게 됩니다. 즉 불법을 찬탄하는 깃발을 달거나 약간의 향과 꽃을 부처님과 보살상 앞에 공양하든지, 혹은 고귀한 경전을 읽으며 한 구절, 한 게송에 향을 사르는 것만 보아도 저희 귀왕은 이 사람들에게 공경히 예배하기를 과거, 현재, 미래의 부처님을 섬기듯 합니다.

또한 큰 힘이 있는 귀신이나, 토지를 맡은 작은 귀신들로 하여금 이들을 보호하도록 해서 나쁜 횡액과 모진 병, 바라지 않는 일들이 그 집에 얼씬도 못하게 하거늘 하물며 그 집 안으로 들어가게 하겠습니까?"

부처님께서 귀왕을 칭찬하시면서 말씀하셨다.

"참으로 훌륭하도다. 그대들이 염라천자와 더불어 그토록 선남자 선여인을 옹호하다니 범왕과 제석천에 일러서 그대들을 보호할 것이니라."

이와 같이 말씀하셨을 때 그 자리에 있던 주명(主命)이라는 귀왕이 부처님께 여쭈었다.

"부처님이시여, 저는 본래 지은 업연 때문에 염부제 중생들의 수명을 맡아서 날 때와 죽을 때를 주관하고 있습니다. 저의 본원은 많은 중생들에게 이익을 주고자 노력합니다만 중생들은 제 뜻을 알지 못하고 태어나고 죽을 때 모두 괴로워합니다.

이 염부제의 중생들이 처음 태어날 때, 남자와 여자를 가리지 않고, 출산에 임박해 착한 일을 하여 집안을 더욱 이롭게 하면, 토지신은 한량없이 기뻐하면서 자식과 어머니를 보호하여 큰 안락을 얻도록 하고 가족들도 이롭게 합니다.

자식을 낳은 뒤에는 살생을 하지 말아야 하는데도 여러 가지 생선을 산모에게 먹이며, 또한 가족들이 모여 술과 고기를 먹으며 노래하고 풍악을 즐긴다면 그것은 어머니와 자식을 편안하게 해 주는 것이 아닙니다.

왜냐하면 아기를 낳을 때는 무수히 많은 귀신과 도깨비들이 비린내 나는 피를 먹고자 하므로 제가 미리 가택신(家宅神)이나 토지신들에게 명하여 산모와 아이를 편안하게 보호해 줍니다.

그 사람들이 편안한 것을 본 뒤에는 마땅히 복을 베풀어 토지신의 은혜에 보답해야 하거늘, 가족들은 오히려 살생을 하여 잔치를 벌이니 이로써 죄업을 짓고 과보를 받아 어머니와 자식이 편안하지 못합니다.

또한 염부제에서 죽은 사람은 선한 사람이든 악한 사람이든 모두 악도에 빠지지 않도록 애쓰고 있는데 하물며 스스로 선근을 닦은 이의 힘을 도와 주는 사람이야 말할 나위가 있겠습니까?

이 염부제에서는 착한 일을 한 사람이 목숨을 마칠 때에도, 백천이나 되는 악독한 귀신들이 부모와 여러 가족으로 둔갑하여 죽은 이를 이끌어 악도에 떨어지게 하거늘, 하물며 본래부터 악업을 지어 온 자는 더 말할 나위도 없습니다.

부처님이시여, 이와 같이 염부제의 남자와 여자들이 목숨을 마칠 때 정신이 혼미하여 선과 악을 분간하지 못하고 눈과 귀로 보고 듣지도 못합니다.

이런 때 그의 가족들은 마땅히 크게 공양을 베풀고 이 경전을 읽고 외우며 부처님과 보살의 명호를 독송해야 합니다. 이와 같은 착한 인연을 맺어 주면 죽은 이는 모두 악도를 벗어나고, 모든 마군의 무리들은 다 두려워 물러가고 맙니다.

부처님이시여, 일체중생이 죽을 때 만일 한 부처님, 한 보살의 이름, 혹은 대승경전의 한 구절, 한 게송만이라도 듣는다면, 저는 이런 사람들을 살펴서 지옥에 떨어질 살생죄를 지은 사람을 제하고는 모두가 해탈을 얻을 수 있도록 인도하겠습니다."

부처님께서 주명귀왕에게 말씀하셨다.

"그대는 크고 거룩한 자비심으로 그와 같은 서원을 세워 태어나고 죽는 곳에서 모든 중생들을 보살피는구나. 만일 미래세에 어떤 남자나 여자가 나고 죽을 때가 되거든 그대는 그 서원을 저버리지 말고 모두 해탈의 길로 이끌어 영원한 안락을 얻게 하라."

주명귀왕이 부처님께 말씀드렸다.

"바라옵건대 부처님이시여, 염려하지 마시옵소서. 제가 이 몸이 다하도록 염부제 중생들을 옹호하여 중생들이 태어날 때와 죽을 때 모두 안락함을 얻도록 하겠습니다. 다만 모든 중생들이 태어나고 죽을 때 저의 말을 받아들이기를 바랄 뿐입니다. 그리하면 모든 중생들을 해탈의 길로 이끌겠나이다."

그 때 부처님께서 지장보살에게 말씀하셨다.

"목숨을 맡은 이 큰 귀왕은 이미 백천 생 동안 큰 귀왕이 되어 나고 죽는 곳에서 중생들을 옹호하고 있지만, 이는 보살이 자비원력으로 큰 귀왕의 모습을 나타낸 것일 뿐 실은 귀왕이 아니니라. 앞으로 수만 겁을 지나면 이 귀왕은 반드시 성불할 것이니라. 그 이름은 '무상여래'이며 겁의 이름은 '안락'이며, 세계의 이름은 '정주'이며 그 부처님의 수명은 겁으로도 헤아리지 못하리라.

지장보살이여, 이 대귀왕의 일이 이렇게 불가사의하고 그가 제도한 천인과 인간 세상의 사람들도 헤아릴 수가 없나니라."

제9장 부처님의 명호

그 때 지장보살이 부처님께 여쭈었다.

"부처님이시여, 제가 지금 미래 중생들을 위하여 이익되는 일을 말하고, 나고 죽는 가운데서 큰 이익을 얻게 하고자 하오니 허락해 주옵소서."

부처님께서 말씀하셨다.

"그대가 지금 자비심을 일으켜 6도의 고통을 받는 모든 중생들을 구해 내려고 불가사의한 일을 말하고자 하는구나. 지금이 바로 그 때이니라. 어서 말하라. 나는 곧 열반하리니 그대의 서원이 모두 이루어지면 나 또한 현재, 미래의 모든 중생들에 대한 근심이 없어지리라."

지장보살이 말했다.

"부처님이시여, 지난 과거 한량없는 아승지겁 이전에 한 부처님이 세상에 나타나시니 이름을 무변신여래라고 하셨습니다.

만약 어떤 남자나 여인이 이 부처님의 이름을 듣고 잠깐만이라도 공경하는 마음을 내면 40겁 동안 나고 죽으면서 지은 무거운 죄업을 벗어나게 될 것인데, 하물며 부처님의 형상을 조성하고 그림을 그려서 모시고 공양하며, 찬탄하는 이에 이르리까? 그 사람의 복은 한량없고 끝이 없을 것입니다.

또한 한량없는 오랜 과거세에 한 부처님이 세상에 나타나셨으니 그 이름을 보승여래라고 하셨습니다. 만일 어떤 남자나 여인이 그 부처님의 이름을 듣고 손가락 한 번 튕기는 순간이라도 부처님께 귀의하는 마음을 일으킨다면 이 사람은 한량없는 진리의 길에서 물러남이 없게 될 것입니다.

또 과거의 어느 세상에 한 부처님이 세상에 나타나셨으니 그 이름을 파두마승여래라고 하셨습니다. 만일 어떤 남자나 여자의 귀에 이 부처님의 이름이 들리기만 해도 이 사람은 천 번을 육욕천(六欲天)에 태어나게 되거늘, 하물며 지극한 마음으로 이 부처님의 명호를 부르고 생각함에 비하겠습니까?

또한 과거 무량아승지겁 전에 한 부처님이 세상에 나타나셨으니 그 이름을 사자후여래라고 하셨습니다. 만일 어떤 남자나 여인이 이 부처님의 이름을 듣고 일념으로 귀의하면 이 사람은 한량없는 여러 부처님을 만나 머리를 쓰다듬는 수기를 받을 것입니다.

또한 과거세에 한 부처님이 세상에 나타나셨으니 그 이름을 구류손불이라고 하셨습니다. 만일 어떤 남자나 여인이 그 부처님의 명호를 듣고 지극한 마음으로 우러러 예배하고 찬탄한다면 이 사람은 현겁의 천불회상에서 대범천왕이 되어 으뜸 가는 수기를 받을 것입니다.

또한 과거세에 한 부처님이 세상에 나타나셨으니 그 이름을 비바시여래라고 하셨습니다. 만일 어떤 남자나 여자가 이 부처님의 이름을 듣기만 하면 영원히 악도에 떨어지지 않고 항상 인간이나 천상에 태어나서 아주 묘한 낙을 받을 것입니다.

또한 과거 항하사겁 이전에 한 부처님이 세상에 나타나셨으니 그 이름을 다보여래라고 하셨습니다. 만일 어떤 남자나 어떤 여자가 이 부처님의 이름을 듣기만 하면 끝내 악도에 떨어지지 않고 아주 묘한 낙을 받을 것입니다.

또한 과거세에 한 부처님이 세상에 나타나셨으니 그 이름을 보상여래라고 하셨습니다. 만일 어떤 남자나 여자가 이 부처님의 이름을 듣고 공경하는 마음을 일으키면 이 사람은 오래지 않아 아라한과를 얻을 것입니다.

또한 과거 무량아승지겁 전에 한 부처님이 세상에 나타나셨으니 그 이름을 가사당여래라고 하셨습니다.

만일 어떤 남자나 여자가 이 부처님의 이름을 들으면 일백 겁 동안 나고 죽는 업에서 벗어나게 됩니다.

또한 과거에 한 부처님이 세상에 나타나셨으니 그 이름을 대통산여래라고 하셨습니다. 만일 어떤 남자나 여자가 이 부처님의 이름을 들으면 이 사람은 항하의 모래알같이 많은 부처님을 만나서 널리 설법하시는 가르침을 듣고 반드시 깨달음의 길을 성취할 것입니다.

또한 과거에 정월불, 산왕불, 지승불, 정명왕불, 지성취불, 무상불, 묘성불, 만월불, 월면불같이 말할 수 없이 많은 부처님이 계셨습니다.

부처님이시여, 현재와 미래의 일체중생이 만일 한 부처님의 명호만 생각하여도 그 공덕이 한량없거늘, 하물며 여러 부처님의 이름을 생각한 공덕으로 비할 수 있겠습니까? 이 중생들은 태어날 때나 죽을 때 모두 큰 이익을 받아서 마침내 악도에 떨어지지 않을 것입니다.

만일 목숨을 마치는 사람이 있다면, 그 가족 중의 한 사람이라도 이 병든 사람을 위하여 큰 소리로 부처님의 이름을 부르고 생각하는 사람이 있다면, 이 사람은 오무간지옥에 떨어질 큰 죄가 없어지고 그 나머지 업보들도 모두 없어지고 맙니다.

이 오무간죄가 너무 무거워서 억겁을 지나도 벗어나지 못할지라도 목숨이 끊어질 때 다른 사람이 그 죽는 사람을 위하여 부처님의 명호를 부르고 외우면 그 공덕으로 말미암아 무거운 죄도 점점 소멸될 것입니다. 하물며 죽는 사람이 스스로 부처님을 부르고 생각함에야 비할 수 있겠습니까? 이런 사람은 반드시 한량없는 복을 얻고 한량없는 죄가 소멸될 것입니다."

제10장 보시의 공덕

그 때 지장보살이 부처님의 위신력을 입어 자리에서 일어나 합장하고 부처님께 여쭈었다.

"부처님이시여, 제가 중생들의 보시공덕을 살펴보니 공덕의 가볍고 무거움에 따라 한 생만 복을 받는 이도 있고 열 생을 복을 받는 이도 있습니다. 또한 수많은 생애에 걸치도록 큰 복을 받는 이도 있으니 무슨 까닭입니까?

부처님이시여, 저희들을 위하여 말씀해 주옵소서."

부처님께서 말씀하셨다.

"내가 지금 일체중생이 모인 도리천궁 법회에서 염

부제 중생들의 보시공덕의 가볍고 무거움을 살펴서 말하겠노라. 그대들은 자세히 들으라."

지장보살이 부처님께 여쭈었다.

"저는 그 일이 매우 궁금하옵니다. 기꺼이 듣고자 하옵니다."

부처님께서 말씀하셨다.

"염부제에 있는 모든 국왕과 재상, 대신, 장자, 왕족, 바라문들이, 만일 가장 가난한 이나 꼽추, 벙어리, 귀머거리, 장님 같은 온갖 불구자들에게 보시하고자 할 때, 자비스러운 마음으로 웃으며 손수 보시하거나 부드러운 말로 위로한다면, 이들이 얻는 복덕은 일백 항하의 모래알 같은 부처님께 보시한 공덕과 같으니라.

왜냐하면 이 사람들은 가장 가난하고 천한 무리와 불구자들이기 때문이니라. 따라서 국왕 대신들에게 그만한 복이 생겨서 수많은 생에 걸쳐서 항상 칠보가 가득하고 옷과 음식이 넘치게 되느니라.

지장보살이여, 또한 미래세에 모든 국왕과 바라문들

이 부처님의 탑과 부처님의 형상, 보살, 성문, 벽지불의 형상을 찾아가 힘써 마련한 것을 공양하고 보시하면 이 국왕은 마땅히 3겁 동안 제석천왕이 되어 헤아릴 수 없는 안락을 누릴 것이다.

만일 보시한 공덕을 법계(法界)에 회향(廻向)하면서 이 국왕과 바라문들이 부처님의 탑사와 부처님의 형상, 보살, 성문, 벽지불의 형상을 만나 몸소 마련한 것으로 공양하고 보시하면 이 국왕들은 마땅히 3겁 동안 제석천왕이 되어 헤아릴 수 없는 안락을 누릴 것이니라.

만일 보시한 공덕을 법계에 회향하면 이 국왕과 바라문은 10겁 동안 항상 대범천왕(大梵天王)이 되느니라.

지장보살이여, 또한 미래세에 모든 국왕과 바라문이 옛 부처님의 탑사와 경전, 불상이 파괴되고 낡아 있음을 보고 발심하여 보수하되 국왕, 바라문들이 스스로 힘써 마련하거나, 다른 이들에게 권하여 보시 인연을 많이 맺어준다면 이 국왕, 바라문 등은 백천 생에 걸쳐서 항상 전륜왕이 될 것이니라.

또한 함께 보시한 사람들은 수많은 생에 걸쳐서 항상 작은 나라의 국왕이 될 것이니라.

더구나 탑사 앞에 회향할 마음을 일으킨다면 이 국왕을 비롯해 모든 사람들이 함께 불도를 이룰 것이니 이와 같은 과보의 공덕은 한량이 없나니라.

지장보살이여, 또한 미래세에 모든 국왕과 바라문들이 모든 늙고 병든 자와 아기 낳는 부녀들을 보고서 한 생각이라도 큰 자비심을 일으켜서 의약, 음식, 방석 등을 보시하여 편안하도록 해 주면 이와 같은 복덕은 아주 불가사의해서 일백 겁 동안 항상 정거천(淨居天)의 임금이 되며 2백 겁 동안 항상 6욕천의 임금이 되리라.

그리하여 마침내는 부처를 이루어서 영원히 악도에 떨어지지 않고 백천의 생애 동안 고통받는 소리가 귀에 들리지도 않으리라.

지장보살이여, 또한 만일 미래세에 국왕과 바라문들이 이와 같은 보시를 행한다면 한량없는 복을 얻고 다

시 일체중생에게 회향하면 복이 많고 적음을 떠나서
마침내 부처가 되리니 하물며 제석천왕, 대범천왕, 전
륜왕의 복에 비유하리오.

그러므로 지장보살이여, 널리 일체중생에게 권하여
마땅히 이렇게 배우게 할지니라.

지장보살이여, 또한 만일 미래세에 선남자, 선여인
이 불법 안에서 털끝만큼이라도 작은 선근을 심어도
받게 되는 복은 무엇으로도 비할 수 없나니라.

또한 지장보살이여, 만일 미래세에 어떤 선남자, 선
여인이 부처님의 형상이나 보살, 벽지불, 전륜왕의 형
상을 만나서 보시하고 공양한다면 한량없는 복을 받
으며 항상 인간이나 천상에서 미묘한 안락을 누릴 것
이다. 만일 법계에 회향한다면 이 사람의 복덕은 비유
할 수도 없나니라.

지장보살이여, 또한 미래 세상에 어떤 선남자, 선여
인이 부처님의 탑이나 대승경전을 만나서 새로 조성
된 것을 보고 보시공양하며, 만일 오래되어 낡고 무너

진 것을 보거든 곧 보수하되 혹 마음을 내어 스스로 하거나 다른 사람에게 권하여 함께 한다면, 이와 같은 사람들의 공덕은 30생 중에 항상 작은 나라의 국왕이 되고, 단월(檀越, 신도)로서 보시한 사람은 항상 전륜왕이 되어 거룩한 법으로서 모든 작은 나라의 국왕들을 교화하게 되느니라.

지장보살이여, 또한 만일 선남자, 선여인이 불법 안에서 선근을 심어서 혹 보시 공양하거나, 탑과 절을 보수하거나 혹 경전을 보수하되 터럭 하나, 모래알 하나, 물방울 하나 만큼의 선근일지라도 법계에 회향하면 그 공덕으로 수많은 생애 동안 미묘한 안락을 누릴 것이니라. 하지만 자기 가족이나 자기 이익을 위해서 회향한다면 이와 같은 과보는 3생의 안락에 그칠 뿐이니라. 한 가지 착한 인연으로써 만 가지 복덕을 얻게 되느니라. 지장보살이여, 보시로써 얻는 공덕은 이와 같으니라."

제11장 땅의 신이 불법을 옹호함

그 때 견뢰지신(堅牢地神)이 부처님께 여쭈었다.

"부처님이시여, 저는 예로부터 한량없는 보살마하살을 뵈옵고 예배하였습니다. 모두 불가사의한 큰 신통력과 지혜로 널리 중생을 제도하시지만 이 지장보살마하살은 모든 보살의 서원보다도 깊고 무겁습니다.

부처님이시여, 이 지장보살은 염부제에 큰 인연이 있습니다. 저 문수보살, 보현보살, 관세음보살, 미륵보살도 역시 백천 가지의 몸을 나타내어 6도 중생을 교화하며 서원을 세운 겁의 수가 천백억 항하사와 같아서 다함이 없습니다.

부처님이시여, 제가 살펴보니 미래와 현재의 모든 중생이 자기가 사는 곳이나 남쪽의 깨끗한 곳에 흙, 돌, 대나무 등으로 집을 짓고 그 가운데 지장보살을 그리거나 금, 은, 동, 철로 조성하여 모시고 향을 사르어 공양하고 우러러 예배하고 찬탄하면, 이 사람은 사는 동안 다음과 같은 열 가지 이익을 얻게 될 것입니다.

　첫째, 토지에 풍년이 들 것입니다.

　둘째, 집안이 편안해질 것입니다.

　셋째, 죽은 선조가 천상에 날 것입니다.

　넷째, 부모가 오래 살 것입니다.

　다섯째, 구하는 바가 뜻대로 될 것입니다.

　여섯째, 수재나 화재가 없을 것입니다.

　일곱째, 재물이 헛되이 소모되지 않을 것입니다.

　여덟째, 악몽을 꾸지 않을 것입니다.

　아홉째, 출입할 때 신장(神將)이 보호할 것입니다.

　열째, 좋은 인연을 만나게 될 것입니다.

　부처님이시여, 미래와 현재의 중생이 만일 자기가

사는 처소에서 공양하면 이와 같은 이익을 얻게 되옵니다."

견뢰지신이 다시 부처님께 여쭈었다.

"부처님이시여, 미래세에 어떤 선남자, 선여인이 자기가 사는 곳에서 이 경전과 보살의 형상을 모시고 경전을 읽고 외우고 공양하면, 제가 언제나 저의 본래의 신력으로서 이 사람을 보호하여 불이나 물, 도둑과 크고 작은 횡액이나 일체 악한 일은 모두 없도록 하겠습니다."

부처님께서 말씀하셨다.

"견뢰지신이여, 그대의 큰 신력은 다른 신들은 따르기 어렵도다. 왜냐하면 염부제의 토지가 다 그대의 보호를 받으며 초목, 모래, 돌, 곡식, 보배 등의 모든 물건이 다 이 땅에 있으니 모두 그대의 힘을 입기 때문이니라. 더욱이 그대가 지장보살의 공덕을 찬탄하고 있으니 그대의 공덕과 신통은 다른 보통 지신보다도 백천 배가 되느니라.

만일 선남자, 선여인이 지장보살에게 공양하며 이 경을 읽고 외우며, 《지장보살본원경(地藏菩薩本願經)》을 의지하여 다만 한 가지라도 행한다면, 그대의 힘만으로도 모든 재해에서 보호되고, 또 뜻대로 되지 않는 일은 귀에 들리게조차 하지 않을 것인데, 어찌 하물며 악한 일을 겪게 하겠는가?

단지 그대만이 이 사람들을 보호하는 것이 아니라 제석, 범왕권속, 제석천의 권속들도 모두 그 사람을 옹호하느니라.

이것은 지장보살을 우러러 예배하고 이 지장본원경을 독송한 까닭이며 그로 인해 자연히 고통의 바다를 건너 열반의 평안을 얻게 되므로 큰 보호를 받는 것이니라."

제12장 보고 들어서 얻는 이익

 그 때 부처님께 머리 위로부터 백천만억의 크고 미세한 광명을 비추셨다.

 그 광명은 이른바 백호상광명, 대백호상광명, 서호상광명, 대서호상광명, 옥호상광명, 대옥호상광명, 자호상광명, 대자호상광명, 청호상광명, 대청호산광명, 홍호상광명, 대홍호상광명, 녹호상광명, 대녹호상광명, 금호상광명, 대금호상광명, 경운호상광명, 대경운호상광명, 천륜호광명, 대천륜호광명, 보륜호광명, 대보륜호광명, 일륜호광명, 대일륜호광명, 월륜호광명, 대월륜호광명, 궁전호광명, 대궁전호광명, 해운호광명, 대해운호광명이었다.

이와 같은 광명을 발하시고 미묘한 음성으로 모든 대중과 천신, 인간, 용, 팔부신중과 인비인(人非人)들에게 말씀하셨다.

"내가 오늘 이 도리천궁에서 지장보살이 인간과 천상을 이익케 하는 불가사의한 일과 성스러운 지위에 오르는 일과, 십지(十地)의 지위를 증득하게 하는 일과, 아뇩다라삼먁삼보리에서 물러서지 않게 하는 일들을 모두 드높이 찬탄하리라."

이와 같이 말씀하셨을 때 그 자리에 있던 관세음보살(觀世音菩薩)이 자리에서 일어나 무릎을 꿇고 합장하며 부처님께 여쭈었다.

"부처님이시여, 지장보살은 큰 자비심으로 죄업의 고통을 받는 중생을 가엾게 여기시어 천만억 세계에 천만억 몸으로 나타나시며 지니신 공덕과 불가사의한 위신력을 저는 알고 있습니다.

또 부처님께서 시방의 모든 부처님과 더불어 지장

보살을 찬탄하심을 들었습니다. 어찌하여 과거, 현재, 미래의 모든 부처님이 한결같이 지장보살의 공덕을 말씀하셔도 오히려 다하지 못하나이까? 또한 앞에서도 부처님께서 대중에게 널리 이르시되 지장보살의 이익에 대한 일을 찬양하시는 말씀을 들었습니다.

부처님이시여, 현재와 미래의 일체중생을 위하여 지장보살의 불가사의한 일을 말씀하셔서 천신, 인간, 용, 팔부신중으로 하여금 예배드리고 복덕을 얻게 하소서."

부처님께서 관세음보살에게 말씀하셨다.

"그대는 사바세계에 큰 인연이 있어서 만약 천신, 인간, 용, 남자, 여자, 귀신, 6도의 죄지은 모든 중생이 그대의 이름을 듣거나 그대의 형상을 보거나 생각하거나 찬탄한다면, 이 모든 중생들은 다 궁극의 진리에서 물러나지 않고 항상 인간이나 천상에 태어나서 헤아릴 수 없는 많은 낙을 받을 것이다.

또한 인과가 무르익으면 깨달음을 이루리라는 수기(授記)를 부처님으로부터 받게 된다.

그대가 이제 큰 자비심으로써 중생과 천신, 인간, 용, 팔부신중을 불쌍히 여겨, 내가 지장보살의 불가사의한 이익에 대해서 말하는 것을 듣고자 하는구나. 그대는 자세히 들으라. 내가 이제 그대를 위하여 설하리라."

관세음보살이 부처님께 여쭈었다.

"기꺼이 듣고자 하옵니다."

부처님께서 말씀하셨다.

"미래 현재의 모든 세계에서 천상의 사람이 누리던 복이 다하여 다섯 가지 쇠퇴하는 모습(五衰相)이 나타나고 혹은 악도에 떨어지게 되었더라도, 천상의 사람이 남자나 여자나 지장보살의 형상을 보고 우러러 예배하면 이들에게 천 가지 복이 더해져서 큰 기쁨과 즐거움을 받고 영원히 삼악도의 과보를 받지 않는다. 하물며 지장보살을 보거나 듣거나 향, 꽃, 의복, 음식, 보배, 영락 등으로 보시공양한다면 이로써 얻는 공덕이 한량없으리라.

관세음보살이여, 또한 만일 미래나 현재의 모든 세

계의 6도 중생들이 목숨을 마치려 할 때, 지장보살의 이름을 들려 주어 그 한 소리만 귀에 들어가게 하여도, 이 중생들은 영원히 삼악도에 들어가지 않느니라.

하물며 임종할 때 부모나 친척들이 그 사람의 집이나 재물, 보배, 의복 등을 가지고 지장보살의 형상을 조성하거나 그리며, 혹 병든 사람이 죽기 전에 눈으로 보고 듣게 한다면 이 사람의 병은 곧 낫고 오래 살 것이니라.

또 가족이 그의 집과 재산을 가지고 병자를 위해 지장보살의 형상을 조성한 것을 알려서 병자가 직접 눈으로 보고 듣게 하면 이 사람은 지은 업보로 중병을 앓을지라도 마땅히 공덕을 입어서 곧 병이 낫게 되고 오래 살 것이니라.

이 사람이 만일 지은 업보로 말미암아 마땅히 악도에 떨어지게 될지라도 그 공덕을 입어서 죽은 뒤에 곧 인간이나 천상에 태어나서 헤아릴 수 없는 많은 즐거움을 받고 모든 죄업은 소멸되리라.

관세음보살이여, 또한 만일 미래세에 어떤 남자나 여인이 젖먹이 때나, 두 살, 세 살, 다섯 살, 열 살도 채 되기 전에 부모가 죽었거나 형제자매를 잃고서 나이가 든 뒤 부모와 가족들을 생각하고 그리워한다면, 지장보살의 형상을 조성하고 그림으로 그려서 모시고 지장보살의 명호를 부르며 우러러 예배하라.

한 번 절할 때부터 칠 일이 되도록 처음 일으킨 마음을 흐트리지 않고 계속해서 예배하고 공양한다면, 이 사람의 가족이 설사 죄업으로 인하여 악도에 떨어져서 여러 겁을 보내고 있을지라도, 지장보살의 형상을 그리고 조성하여 예배하고 공양한 공덕으로 곧 해탈하게 되느니라.

또한 인간이나 천상에 태어나서 헤아릴 수 없는 많은 즐거움을 누릴 것이다. 죽은 사람이 만약 복력이 있어서 이미 인간이나 천상에 나서 즐거움을 누리고 있다면 곧 그 공덕으로 점점 좋은 인연을 더하여 한량없는 안락을 누리게 되리라.

또한 이 사람이 21일 동안 한마음으로 지장보살의 형상에 예배하며 그 명호를 만 번 염송하면 지장보살이 몸을 나타내어 그 가족들이 태어난 세계를 가르쳐 줄 것이니라. 혹은 꿈 속에서 보살이 친히 이 사람과 함께 가족들이 태어난 곳에 데려가 보여 주느니라.

또한 날마다 보살의 명호를 천 번씩 염송하여 천 일이 되면 그가 사는 곳의 토지신을 시켜 몸이 다하도록 보호하게 하느니라. 그에게는 먹고 입는 것이 풍족할 것이고, 모든 병고가 없을 것이며, 어떤 횡액도 그 집 문 안에 들지 못하게 되거늘 하물며 몸에 미치게 하겠는가? 이 사람은 마침내 보살이 머리를 쓰다듬어 주는 수기(授記)를 받으리라.

관세음보살이여, 또한 미래세의 어떤 선남자, 선여인이 넓고 큰 자비심을 발하여 일체중생을 구제하거나 위없는 깨달음을 닦고자 하거나 삼계(三界)에서 벗어나고자 한다면, 모두 지장보살의 형상을 보거나 명호를 듣고 지극한 마음으로 예배할지니라. 의복, 음식,

보물로 공양하고 지극한 마음으로 예배하면 원하는 일이 속히 이루어지고 영원히 장애가 없어지게 되느니라.

관세음보살이여, 또한 미래세의 어떤 선남자, 선여인이 현재와 미래에 백천만억의 소원과 백천만억의 일을 이루고자 한다면 오직 지장보살에게 귀의하고 공양 찬탄하라. 모든 소원과 구하는 일이 성취되리라.

또한 큰 자비로써 영원히 나를 지켜 주기를 원한다면 이 사람은 꿈 속에서 보살이 머리를 만져 주는 수기를 받게 되리라.

관세음보살이여, 또한 미래세의 어떤 선남자, 선여인이 대승경전을 깊이 존중하여 부사의한 마음을 내어서 읽고 외우거나, 비록 밝은 스승을 만나서 가르침을 받아 익혀서 외웠다가 금방 잊고, 그리고 긴 세월이 지나도록 잘 읽고 외우지 못하는 것은 모두가 전생의 업장을 소멸하지 못한 까닭이니라.

따라서 이 사람은 대승경전을 읽고 외울 성품이 없

는 것이니 이와 같은 사람은 지장보살의 명호를 듣고 형상을 보고 지극한 마음으로 공손히 그 사실을 고백해야 하느니라.

또한 향, 꽃, 의복, 음식으로 보살을 공양하고 깨끗한 정화수 한 그릇을 하룻낮 하룻밤 동안 보살 앞에 올렸다가 그 물을 마셔야 하느니라.

물을 마실 때에는 남쪽으로 머리를 향하고 지극한 마음으로 마셔야 하느니라. 물을 마시고 나서 오신채(五辛菜), 술, 고기, 음행, 거짓말, 살생을 7일 혹은 21일 동안 삼가면 이 선남자, 선여인들은 꿈에 지장보살이 원만한 모습을 나타내어 정수리에 물을 뿌려 주는 것을 보게 되느니라.

그 사람이 꿈을 깨면 곧 총명을 얻어서 경전을 한 번이라도 들으면 곧 기억하여 다시는 한 글귀, 한 게송이라도 잊지 않게 되느니라.

관세음보살이여, 또한 미래세의 어떤 사람들이 옷과 먹을 것이 넉넉하지 못하여 구해도 뜻대로 얻을 수 없으며, 혹은 질병이 많거나 흉한 일이 많고 집안이 평화롭지 못하고 가족이 흩어지며 혹은 모든 횡액이 닥쳐서 몸을 괴롭히고 꿈 속에서 자주 놀라고 두려운 일이 많아도, 지장보살의 이름을 듣거나 형상을 보고 지극한 마음으로 공경하고 만 번을 부르면, 여의치 않는 모든 일이 점점 없어지고 안락을 얻게 되며 옷과 먹을 것이 풍족하고 꿈에서도 편안하게 되리라.

관세음보살이여, 또한 미래세에 어떤 선남자, 선여인이 생활에 필요하거나 자신을 위해서나 대중을 위해서, 혹은 태어나고 죽는 일 때문에, 혹은 급한 일로, 혹은 산이나 숲 속에 들어가거나, 강이나 바다를 건너거나, 혹은 험한 길을 지나게 될 때, 한 사람이 먼저 지장보살의 명호를 만 번 생각하면, 그가 지나는 곳의 토지신이 보호해서 가고 서고 앉고 눕는데 언제나 평안할 것이니라. 호랑이, 사자와 같은 모든 맹수들을 만날지라도 능히 해치지 못하리라."

부처님께서 관세음보살에게 말씀하셨다.

"지장보살은 염부제와 큰 인연이 있으니 만약 모든 중생이 보고 들어서 얻는 이익을 말하자면 백천 겁이 지나도 다 말하지 못하리라.

그러므로 관세음보살이여, 그대는 신력으로써 이 경전을 유포하여 사바세계의 중생들로 하여금 백천만 겁토록 영원한 안락을 누리게 할지니라."

이 때 부처님께서 게송으로 말씀하셨다.

내가 이제 지장보살 위신력을 관하나니
항하사겁 말하여도 다 말하기 어렵도다
보고 듣고 우러르고 예배하기 일념간에
하늘과 땅 이익하기 헤아릴 길 없나니라

혹은 남자 혹은 여자 혹은 어떤 용과 신이
삼악도에 떨어지게 되더라도 지심으로
지장보살 거룩한 분 귀의하면 수명늘고
모든 죄업 남김없이 없어지네

어떤 사람 어릴 때에 양친부모 다 잃고서
부모님이 태어난 곳 어디인지 알길 없고
형제자매 여러 가족 풍비박산 흩어져서
태어나고 성장해온 그 사연을 다 모를 때

지장보살 그 형상을 만들거나 그림 그려
삼칠일 중 예배하고 잠시 동안 쉬지 않고
삼칠일 중 끊임없이 지장보살 부른다면
지장보살 가없는 몸 그들 앞에 나타나서

그의 가족 태어난 곳 고루고루 보여 주며
악도 중에 떨어져도 모두 모두 건져내니
만약 능히 처음 마음 물러서지 않는다면
어김없이 머리 만져 마정수기 받게 되리

어떤 사람 만약 능히 깨달음을 구하거나
삼계 속의 고통바다 벗어나려 하올진대

이 사람은 모름지기 제자비심 발하고서
지장보살 거룩한 몸 우선 먼저 예배하면

여러 가지 일체 소원 하루 빨리 성취되며
그 앞길을 가로막는 모든 업장 사라지리
어떤 사람 마음 내어 이 경전을 염하면서
여러 중생 제도하여 저 언덕에 가보고자

비록 능히 부사의한 원력 세워 읽고 읽고
또 읽어도 모두 모두 잊게 되면 이 사람은
지난 동안 지은 업장 장애되어 거룩하온
대승경전 능히 외지 못함이니

향과 꽃과 옷과 음식 여러 가지 모두 갖춰
지극정성 기울여서 지장보살 공양하고
깨끗한 물 한 그릇을 지장보살 앞에 올려
하루 한 밤 지난 뒤에 이 청정수 마실 때에

지극한 맘 발하고서 오신채를 먹지 않고
술과 고기 삿된 음행 거짓말도 삼가하며
살생 또한 하지 않고 삼칠일을 지내면서
지장보살 그 이름을 지심으로 부른다면

꿈 속에서 대보살의 거룩하신 모습 보고
깨고 나면 총명이근 빠짐없이 갖추어져
이 경전의 가르침이 귓전에만 지나가도
천만생이 지나가도 길이길이 안 잊으니

이 모두는 부사의한 지장보살 위신력이
이 사람을 능히 시켜 큰 지혜를 얻게 하네

어떤 사람 빈궁하고 병도 많아 집안 운세
기울어져 가족들이 흩어지며 꿈 속에도
어느 때나 편안하지 아니하고 구하는 일
어그러져 뜻하는 일 못이룰 때

지장보살 존상 앞에 지성 다해 예배하면
세간살이 그 속에서 모든 불행 다 없애며
깨었을 때 꿈 속에도 어느 때나 편안하고
의식 모두 풍족하고 착한 신이 호위하리

산과 바다 지날 때에 독기 품은 금수들과
악한 사람 악한 신들 악풍들이 여러 가지
재난 주어 온갖 고통 닥쳐올 때 거룩하신
지장보살 존상 앞에 이르러서

일심으로 예배하고 정성 다해 공양하면
산 속이나 바다 속에 우글대던 여러 가지
모든 재난 소멸하네

관음보살 그대 또한 나의 말씀 잘 들으라
지장보살 위신력은 끝이 없고 부사의하니
이와 같은 보살의 힘 만약 널리 설하려면

백천만 겁 지나도록 못다하네

지장보살 그 이름을 어떤 사람 혹 듣거나
거룩하신 형상 앞에 지성 다해 예배커나
향과 꽃과 의복음식 두루 갖춰 공양하면
백천 가지 미묘한 낙 어김없이 받게 되리

만약 능히 이 공덕을 온 법계에 회향하면
필경에는 부처 이뤄 생사윤회 벗어나리
그러므로 관음이여 빠짐없이 이 법 알아
항하사의 모든 국토 널리 알려 줄지니라.

제13장 신과 인간에게 부촉

그 때 부처님께서 금빛 팔을 다시 들어 지장보살의 이마를 어루만지시며 말씀하셨다.

"지장보살이여, 그대의 위신력은 불가사의하도다. 그대의 자비, 그대의 지혜, 그대의 변재는 불가사의하도다. 시방의 모든 부처님께서 그대의 불가사의함을 천만 겁 동안 찬탄하여도 다하지 못하리라.

지장보살이여, 내가 오늘 이 도리천에서 백천억의 말로도 다 말할 수 없는 모든 부처님, 보살, 천신과 인간과 용, 팔부신중이 모인 자리에서 그대에게 다시 부촉하노라.

그대는 불타는 집과 같은 삼계의 나고 죽음에서 아직 벗어나지 못한 중생들이 하루라도 악도에 빠지지 않도록 하라. 오무간이나 아비지옥에 떨어져서 천만 겁이 지나도록 벗어날 기약이 없도록 하지 말라.

지장보살이여, 이 남염부제 중생들은 뜻과 성품이 정한 바가 없으니 악한 업을 짓는 이가 많고 착한 마음을 내었다고 할지라도 잠깐 사이에 곧 퇴보하며, 만약 악한 인연을 만나면 생각마다 악업을 더하게 되느니라. 그러므로 내가 분신을 나투어서 교화하고 제도하되 그 근성을 따라서 해탈의 길로 인도하느니라.

지장보살이여, 내가 지금 그대에게 간곡히 하늘과 인간의 중생들을 부탁하느니라. 만약 미래세의 어떤 하늘과 어떤 선남자, 선여인이 불법 안에서 털끝 하나, 모래알 하나, 한 방울의 물보다 작은 선근을 심더라도 그대는 도력으로 이 사람을 보호하여 점점 위없는 궁극의 진리를 닦아 물러서지 않게 할지니라.

지장보살이여, 또한 미래세에 천인이나 사바의 중생

들이 죄업대로 악도에 떨어지게 된다면 악도에 떨어질 때에나, 혹은 지옥의 문 앞에 이르러서도 이 중생들이 한 부처님과 한 보살의 이름, 대승경전의 한 구절, 한 게송만 생각하더라도, 그대는 위신력과 방편으로써 구제할지니라. 가없는 몸을 나타내어 지옥을 부수고 천상에 태어나게 하여 미묘한 낙을 누리도록 할지니라."

부처님께서 게송으로 말씀하셨다.

현재와 미래의 모든 중생들을
내 이제 그대에게 부촉하나니
대신통과 방편으로 제도하여서
악도에 떨어지지 않도록 할지니라

그 때 지장보살이 무릎을 꿇고 합장하여 부처님께 여쭈었다.

"부처님이시여, 바라옵건대 염려하지 마옵소서. 미래세의 선남자, 선여인이 불법 안에서 한 생각이라도 공경스러운 마음을 내면, 제가 온갖 방편으로 그들을 제도하여 나고 죽는 윤회에서 한시바삐 벗어나게 하겠습니다. 하물며 모든 착한 일들을 듣고 생각생각 닦아 행하는 사람이야말로 말할 나위가 있겠습니까? 이 사람은 자연히 위없는 궁극의 진리를 닦아 물러서지 않을 것입니다."

그 때 자리에 있던 허공장보살(虛空藏菩薩)이 부처님께 여쭈었다.

"부처님이시여, 제가 도리천에서 부처님께 지장보살의 위신력이 불가사의하다고 찬탄하심을 들었습니다. 미래세에 선남자, 선여인과 모든 천신과 인간, 용들이 이 경전과 지장보살의 명호를 듣거나 형상을 우러러 예배한다면 무슨 이익을 얻게 되옵니까?

바라옵건대 부처님이시여, 미래와 현재의 중생들을 위하여 간략히 말씀해 주시옵소서."

부처님께서 말씀하셨다.

"자세히 들으라. 내가 마땅히 그대를 위하여 분별해

설하리라. 만약 미래세에 선남자, 선여인이 지장보살의 형상을 보거나 이 경전을 보거나 이 경전을 읽고 외우며 향, 꽃, 의복, 음식, 보배로써 공양하고 찬탄예배하면 스물 여덟 가지 이익을 얻게 되느니라.

첫째, 천인과 용이 지킴이요

둘째, 좋은 과보가 날로 더함이요

셋째, 착한 인연을 만남이요

넷째, 보리심(菩提心)에서 물러나지 않음이요

다섯째, 옷과 먹을 것이 풍족함이요

여섯째, 질병이 닥치지 않음이요

일곱째, 수재와 화재를 만나지 않음이요

여덟째, 도적의 액난이 없을 것이요

아홉째, 모든 사람이 보고 흠모하고 존경함이요

열째, 귀신이 도울 것이요

열한째, 여자가 남자 몸으로 태어날 것이요

열두째, 여자라면 국왕이나 대신의 딸이 될 것이요

열셋째, 모양이 단정할 것이요

열넷째, 천상에 많이 태어날 것이요

열다섯째, 제왕이 될 것이요

열여섯째, 숙명통(宿命通)을 얻을 것이요

열일곱째, 구하는 바를 뜻대로 이룰 것이요

열여덟째, 가족들이 화목할 것이요

열아홉째, 모든 횡액이 소멸할 것이요

스무째, 업의 길이 영원히 없어질 것이요

스물한째, 가는 곳마다 통달할 것이요

스물두째, 꿈이 편안할 것이요

스물셋째, 선망부모가 괴로움에서 벗어날 것이요

스물넷째, 이미 지은 복을 타고 날 것이요

스물다섯째, 모든 성현이 찬탄할 것이요

스물여섯째, 총명하고 근기가 수승할 것이요

스물일곱째, 자비심이 충만할 것이요

스물여덟째, 마침내 성불하는 것이니라.

허공장보살이여, 또한 현재와 미래의 천인과 용, 팔부신중이 지장보살의 이름을 듣거나 그 형상에 예배하거나 혹은 지장보살의 본원(本願)에 관한 법문을 듣고 수행하며 찬탄하고 예배하면 일곱 가지 이익을 얻게 되느니라.

첫째, 속히 성스러운 지위에 오름이요
둘째, 악업이 소멸됨이요
셋째, 모든 부처님이 곁에서 옹호하여 주심이요
넷째, 깨달음의 길에서 물러나지 않음이요
다섯째, 본원력이 더욱 커짐이요
여섯째, 숙명통을 얻음이요
일곱째, 필경에 부처를 이루는 것이니라."

이 때 시방세계에서 모인 모든 부처님과 천인, 용, 팔부신중들이 석가모니 부처님께서 지장보살의 불가사의한 위신력을 찬탄하시는 설법을 듣고 일찍이 없었던 일이라고 찬탄하였다. 도리천에는 한량없는 향, 꽃, 의복, 영락, 보배구슬이 비오듯 내려 석가모니 부처님을 공양하였으며 법회에 모인 대중들은 다시 우러러 예배하고 합장하며 물러갔다.

지장기도 공덕

제1판 1쇄 인쇄 • 2002년 11월 10일
제1판 1쇄 발행 • 2002년 11월 15일

엮은이 / 편 집 부
펴낸이 / 윤 재 승
펴낸곳 / 도서출판 민족사

등록 • 1980년 5월 9일(등록 제1-149호)
주소 • (110-130)서울시 종로구 청진동 208-1 금강빌딩 2층
전화 • (02) 732-2403~4 / 팩스 • (02) 739-7565
E-mail • minjoksa@chollian.net
ISBN 89-7009-754-6   03220

값 6,500원

*엮은이와 협의하에 인지는 생략합니다.
*잘못된 책은 바꾸어 드립니다.